ZHONGXIAOXU
BIBEI DE CHANGSHI CONGSHU

中小学生必备的

中国文化常识

Zhongguo Wenhua Changshi

本书编写组◎编

世界图书出版公司
广州·上海·西安·北京

图书在版编目（CIP）数据

中小学生必备的中国文化常识／《中小学生必备的中国文化常识》编写组编 . —广州：广东世界图书出版公司，2010. 10（2021.5 重印）

ISBN 978 - 7 - 5100 - 2830 - 4

Ⅰ．①中… Ⅱ．①中… Ⅲ．①文化史 – 中国 – 青少年读物 Ⅳ．①K203 – 49

中国版本图书馆 CIP 数据核字（2010）第 196631 号

书　　名	中小学生必备的中国文化常识 ZHONGXIAOXUESHENG BIBEI DE ZHONGGUO WENHUA CHANGSHI
编　　者	《中小学生必备的中国文化常识》编写组
责任编辑	康琬娟
装帧设计	三棵树设计工作组
责任技编	刘上锦　余坤泽
出版发行	世界图书出版有限公司　世界图书出版广东有限公司
地　　址	广州市海珠区新港西路大江冲 25 号
邮　　编	510300
电　　话	020-84451969　84453623
网　　址	http://www.gdst.com.cn
邮　　箱	wpc_gdst@163.com
经　　销	新华书店
印　　刷	北京兰星球彩色印刷有限公司
开　　本	787mm×1092mm　1/16
印　　张	13
字　　数	160 千字
版　　次	2010 年 10 月第 1 版　2021 年 5 月第 10 次印刷
国际书号	ISBN　978-7-5100-2830-4
定　　价	38.80 元

前言

　　文化一词，常挂在我们的嘴边，诸如饮食文化、服饰文化、民俗文化，再如文化素质、文化品味、文化遗产，等等。那么究竟什么是文化呢？

　　所谓"文"，即是错综交杂的痕迹，指的是各种事物有章法地聚在一起，形成一种"美好和谐"的现象；而"化"就是改变、转化。概括地说，文化就是"以文化之"，用"美好和谐"的理念行之于一切。而"美好和谐"是文化的最高要求。

　　文化有广义和狭义之分。广义的文化，着眼于人类与一般动物，人类社会与自然界的本质区别，着眼于人类卓立于自然的独特的生存方式，其涵盖面非常广泛，所以又被称为大文化。

　　梁启超认为："文化者，人类心能所开释出来之有价值的共业也。"这"共业"包含众多领域，诸如认识的（语言、哲学、科学）、规范的（道德、法律、信仰）、艺术的（文学、美术、音乐）、器用的（生产工具、日用器皿以及制造它们的技术）、社会的（制度、组织、风俗习惯）等等。

　　狭义的文化排除人类社会——历史生活中关于物质创造活动及其结果的部分，专注于精神创造活动及其结果，所以又被称作"小文化"。《现代汉语词典》关于"文化"的释义①，即"人类在社会历史发展过程中所创造的物质财富和精神财富的总和，特指精神财富"。当属狭义文化。

　　总之，文化是一个非常广泛的概念，试图给"文化"下定义的学者专家很多，但迄今没有获得一个公认的、令人满意的答案。

　　概而言之，文化是一种社会现象，是人们长期创造形成的产物。同时又是一种历史现象，是社会历史的积淀物。是指一个国家或民族的历史、地理、风土人情、传统习俗、生活方式、文学艺术、行为规范、思维方式、价值观念等。

当代学者张荣寰认为，文化是人的人格及其生态的状况反映，为人类社会的观念形态、精神产品、生活方式的研究提供了完整而贴切的理论支持。文化蕴涵人最高贵的意义，以信仰真理、知识善行、仁爱美情来历炼人格是人最高贵的意义，也是文化的最高表达。

关于文化的特点。首先，文化是共有的，它是一系列共有的概念、价值观和行为准则，它是使个人行为能力为集体所接受的共同标准。其次，文化是学习得来的，而不是通过遗传而天生具有的。再次，文化的基础是象征，其中最重要的是语言和文字，但也包含其他表现方式如图像（如图腾）、肢体动作（如握手）、行为解读（送礼）等。

文化其实体现在一个人如何对待自己，如何对待他人，如何对待自己所处的自然环境。在一个文化厚实的社会里，人懂得尊重自己——他不苟且，因为不苟且所以有品味；人懂得尊重别人——他不霸道，因为不霸道所以有道德；人懂得尊重自然——他不掠夺，因为不掠夺所以有永续的生命。

中国文化的凝聚力是惊人的，人类历史上曾有四大文明古国，而现在只有中国文化作为文化主体保留至今。这显示的主要是中国传统文化的力量。

著名学者张岱年认为，中国的民族精神基本凝结于《周易大传》的两句名言之中，这就是："天行健，君子以自强不息"、"地势坤，君子以厚德载物"。概括起来为4点：一、刚健有为。二、和与中。三、崇德利用。四、天人协调。

为宏扬民族文化，激起中小学生对中国文化了解甚至探究的兴趣，我们组织编写了这本书。本书力求选取中国文化中最基本最常用的内容，由于中国历史悠久、源远流长，文化资源异常庞杂丰富。博大精深，疏漏之处肯定很多，敬请读者朋友谅解。

目录

书画、音乐、戏曲

礼仪、风俗、宗教

天文、历法、地理

天文学的基本概念

【宇宙】四方上下是称"宇"、古往今来称"宙"。是天地万物的总称。《淮南子·原道训》中有"纮宇宙而章三光。"

【星宿】宿，古代把星座称作星宿。古人认为人间有功名智慧的人是天上星宿下凡。

【分野】古代占星家为了用天象变化来占卜人间的吉凶祸福，将天上星空区域与地上的国州互相对应，称作分野。具体说就是把某星宿当作某封国的分野，某星宿当作某州的分野，或反过来把某国当作某星宿的分野，某州当作某星宿的分野。

【二十八宿】又叫二十八舍。古代人把星空分为 28 个星区，用来说明日、月、五星运行的位置。每宿包含若干颗恒星。二十八宿的名称，自西向东排列为：东方苍龙七宿（角、亢、氐、房、心、尾、箕）；北方玄武七宿（斗、牛、女、虚、危、室、壁）；西方白虎七宿（奎、娄、胃、昴、毕、觜、参）；南方朱雀七宿（井、鬼、柳、星、张、翼、轸）。

【九野】《淮南子·天文训》将二十八宿分成九野：

中央钧天　角宿　亢宿　氐宿

东方苍天　房宿　心宿　尾宿

东北变天　箕宿　斗宿　牛宿

北方玄天　女宿　虚宿　危宿　室宿

西北幽天　壁宿　奎宿　娄宿

西方颢天	胃宿	昴宿	毕宿
西南朱天	觜宿	参宿	井宿
南方炎天	鬼宿	柳宿	星宿
东南阳天	张宿	翼宿	轸宿

【四象】我国古代表示天空东、南、西、北四大区星象的4组动物。又称四维、四兽。二十八宿体系形成后，以每七宿组成一象。即东龙、南鸟、西虎、北龟蛇（武）。春秋战国五行说流行后，四象配色成为：青龙、朱雀、白虎、玄武。所以东方七宿称东官苍龙，南方七宿称南官朱雀，西方七宿称西官白虎，北方七宿称北官玄武。

【太阳的别称】白驹、金虎、赤乌、阳乌、金乌、金轮、火轮、赤轮、暑景、奔暑、朱曦、曦和、阳景、大明、明光、光朱、曙雀、红日，春天的太阳称春晖，夏天的太阳称骄阳，早晨的太阳称朝阳、朝曦、东曦、朝暾、朝光、朝晕、初旭、初景，黄昏的太阳称夕照、夕曛、夕晕、夕阳、残阳、斜阳。

【月亮的别称】月亮是古诗文提到的自然物中最突出的被描写的对象。它的别称可分为：

（1）因初月如钩，故称银钩、玉。

（2）因弦月如弓，故称玉弓、弓月

（3）因满月如轮如盘如镜，故称金轮、玉轮、银盘、玉盘、金镜、镜。

（4）因传说月中有兔和蟾蜍，故称银兔、玉兔、金蟾、银蟾、蟾宫。

（5）因传说月中有桂树，故称桂月、桂轮、桂宫、桂魄。

（6）因传说月中有广寒、清虚两座宫殿，故称广寒、清虚。

（7）因传说为月亮驾车之神名望舒，故称月亮为望舒。

（8）因传说嫦娥住在月中，故称月亮为嫦娥。

（9）因人们常把美女比作月亮，故称月亮为婵娟。

【天狼星】为全天空最明亮的恒星。苏轼《江城子·密州出猎》词："会挽雕弓如满月，西北望，射天狼。"其中用典皆出自星宿，雕弓指弧矢星，天狼即天狼星。屈原《九歌》中也有"举长矢兮射天狼"，长矢即弧矢星。

【老人星】为全天空第二颗最明亮的星，也是南极星座最亮的星。民间把它称作寿星。北方的人若能见到它，便是吉祥太平的事。杜甫诗云："今宵南极外，甘作老人星。"

【天罡 gāng】古星名，指北斗七星的柄。道教认为北斗丛星中有 36 个天罡星、72 个地煞星。小说《水浒》受这种迷信说法的影响，将梁山泊一百零八名大小起义头领附会成天罡星、地煞星降生。

【北斗】又称"北斗七星"，指在北方天空排列成斗形（或杓形）的七颗亮星。七颗星的名称是：天枢、天璇、天玑、天权、玉衡、开阳、摇光。排列如斗杓，故称"北斗"。根据北斗星便能找到北极星，故又称"指极星"。屈原《九歌》："操余弧兮反沦降，援北斗兮酌桂浆。"《古诗十九首》："玉衡指孟冬，众星何历历。"玉衡是北斗星中的第五星。《小石潭记》中用"斗折蛇行"，形容像北斗星的曲线一样弯弯曲曲。

【北极星】星座名，是北方天空的标志。古代天文学家对北极星非常尊崇，认为它固定不动，众星都绕着它转。其实，由于岁差的原因，北极星也在变更。3000 年前周代以帝星为北极星，隋唐宋元明以天枢为北极星，12000 年以后，织女星将会成为北极星。

【流火】火，即东方七宿中的心宿。每年农历五月左右，黄昏时星宿在中天，六月以后就渐渐偏西。此时暑气减退，夏天也快结束了。《诗经·豳风·七月》中有"七月流火，九月授衣"，"七月流火，八月萑苇"。

【参商】参和商都是二十八宿之一。参宿在西，心宿在东。两者此出彼没，不能在天空中同时出现，因此用来比喻人分离不得相见。《红楼梦》中描写宝黛间的亲密关系用了这样的比喻，如"日则同行同坐，夜则同息同止，真是言和意顺，略无参商"。

【彗星袭月】彗星俗称扫帚星，彗星袭月即彗星的光芒扫过月亮，按迷信的说法是重大灾难的征兆。

【白虹贯日】"虹"实际上是"晕"，大气中的光学现象。这种现象的出现，往往是天气将要变化的预兆，可是古人却把这种自然现象视作人间将要发生异常事情的征兆。

【运交华盖】华盖，星座名，共十六星，在五帝座上，今属仙后座。旧时迷信，以为人的命运中犯了华盖星，运气就不好。

【牵牛织女】"牵牛"即牵牛星，又叫牛郎星，是夏秋夜空中最亮的星，在银河东。"织女"即织女星，在银河西，与牵牛星相对。《古诗十九首》：

"迢迢牵牛星，皎皎河汉女。"唐代诗人曹唐《织女怀牵牛》："北斗佳人双泪流，眼穿肠断为牵牛。"

【银河】又名银汉、天河、天汉、星汉、云汉，是横跨星空的一条乳白色亮带，由一千亿颗以上的恒星组成。曹操《观沧海》："星汉灿烂，若出其里。"陈子昂《春夜别友人》："明月隐高树，长河没晓天。"苏轼《阳关曲》："暮云收尽溢清寒，银汉无声转玉盘。"秦观《鹊桥仙》词："纤云弄巧，飞星传恨，银汉迢迢暗度。"

【文曲星】星宿名之一。旧时迷信说法，文曲星是主管文运的星宿，文章写得好而被朝廷录用为大官的人是文曲星下凡。

【云气】古代迷信说法，龙起生云，虎啸生风，即所谓"云龙风虎"。又说真龙天子所产生的地方，天空有异样云气，占卜测望的人能够看出。如《鸿门宴》："吾令人望其气，皆为龙虎，成五采，此天子气也。"

阳历·阴历

阳历以地球绕太阳一周（一回归年 365 天 5 小时 48 分 40 秒）为一年。为方便计，以 365 天为一年，叫平年。余下的时间，每四年加一天，这一年叫闰年。但这样，每四年又亏 44 分 56 秒。所以每 400 年少三个闰年。阳历的 4、6、9、11 是小月，30 天；2 月 28 天（平年）；其余的月份是大月，31 天。阴历又称为农历，实际上是阴阳合历，因为它的月平均长度接近"朔望月"。年的平均长度接近"回归年"。"朔望月"是指月亮绕地球一周的时间，为 29 天 12 小时 44 分 03 秒。为方便，定为大月 30 天，小月 29 天。这样，每年比回归年少 11 天，因此采用每 19 年闰 7 个月的方法与回归年取得一致。

闰 年

阳历有闰日或阴历（农历）有闰月的一年都叫闰年。

公历一般每 4 年有一个闰年。平年 365 日，闰年 366 日，这多出来的一天加在二月末，闰年的二月就有 29 日。这一天就叫闰日。

公历一般年份凡是能被 4 整除的都是闰年，如 1984 年就是闰年。

四年一闰的办法，使得一年的平均时间比一年的实际时间多了约 1 分 14 秒。为了消除这个误差，现行公历规定，400 年间只允许有 97 个闰年而不是 100 个闰年。那些世纪整数年，如 1900 年、2000 年，要能被 400 整除时才算闰年，否则仍算平年。因此，公元 1800 年、1900 年都是平年，公元 2000 年、2400 年才是闰年。

历史上的纪年法

我国历史上使用的纪年法重要的有 4 种：

（1）干支纪年干支是天干（甲乙丙丁戊己庚辛壬癸）和地支（子丑寅卯辰巳午未申酉戌亥）的合称，以十干与十二支循环相配，可配成六十组，通称为"六十甲子"，用来表示年历，六十年后周而复始。

（2）帝号纪年西周共和十四年后，周朝史书中出现了"宣王一年"、"宣王二年"。鲁国史书《春秋》，是从"鲁隐公元年"到"鲁哀公十四年"的历史。"宣王"和"隐公"均为帝王或诸侯的谥号，这就是帝号纪年。

（3）年号纪年公元前 141 年，汉武帝刘彻即位，使用年号"建元"，首创年号纪年。以后历代帝王都仿照他而建制自己的年号。从汉武帝至清宣统三年，前后 2051 年中，建立过 600 多个帝王年号。

（4）黄帝纪年辛亥革命期间，一些报刊和革命党人为反对清王朝。不使用清朝皇帝的年号纪年，而以传说中中华民族的祖先黄帝为年号来纪年，史称"黄帝纪年"。由于计算的起始时间不同，当时各报刊采用的黄帝纪年的年代也不统一。对 1911 年，中国同盟会机关报《民报》推断为黄帝 4609 年，中国留日学生江苏同乡会编印的《江苏》推断为黄帝 4402 年，由黄藻编辑初刊的《黄帝魂》推断为黄帝 4622 年。其中，《民报》所用年代为多数革命党人接受，武昌首义后湖北军政府颁发的文告即以此为据，各省响应起义的文告也多采此说。孙中山先生就任临时大总统时，通电各省，定黄帝纪年 4609 年 11 月 13 日（公元 1912 年 1 月 1 日）为中华民国元年元旦。从这一天起，不再使用黄帝纪年了。

时、刻、更、鼓、点

时、刻、更、鼓、点，都是我国古代的计时单位。

时：指时辰。古时，人们把一昼夜分为12段，每段叫做一个时辰，合现在两个小时。12个时辰分别用12个地支做名称，从半夜算起。

子时：夜半，23～1点。

丑时：鸡鸣，1～3点。

寅时：平旦，3～5点。

卯时：日出，5～7点。

辰时：食时，7～9点。

巳时：隅中，9～11点。

午时：日中，11～13点。

未时：日映，13～15点。

申时：晡时，13～15点。

酉时：日入，17～19点。

戌时：黄昏，19～21点。

亥时：人定，21～23点。

刻：古代用漏壶计时，一昼夜共100刻，1刻合现在14分24秒。顷刻，指很短的时间。

更：一夜分五更，每更大约两小时。

一更天：19～21点。

二更天：21～23点。

三更天：23～1点。

四更天：1～3点。

五更天：3～5点。

鼓：古代夜间击鼓报更，所以鼓成了更的代称。

点：古代用铜壶滴漏（水或沙）计时，以下漏击点为名。一夜分五更，一更又分五点。一点合现在24分钟。

十二生肖

属相是我国一种传统的纪年方法。办法是，在采用天干配地支纪年的同时，又用十二地支各配一种相应的动物名字，表示这一年的顺序和名称，排列办法为：子鼠、丑牛、寅虎、卯兔、辰龙、巳蛇、午马、未羊、申猴、酉鸡、戌狗、亥猪。如辛酉年又称鸡年，这一年出生的人便属鸡。这种纪年方法的来源，历来说法不一，主要有：（1）依据阴阳来确定这些动物名称，如子寅辰午申戌属阳，故用身上有奇数特征的动物表示，如鼠、虎、龙、猴、狗都有五趾，马为奇蹄；而丑卯巳未酉亥旧说属阴，故以身上有偶数特征牛羊猪（偶蹄）鸡（四爪）兔（双唇）蛇（二舌）来表示；（2）图腾说：古代某一氏族因与某种动物关系密切，便奉这种动物为本族的保护者。此后逐渐用几种常见的动物纪年，产生了十二属相，以祈保护。（3）来自西北游牧民族：我国自古有以干支纪年的办法，而只有在古代西北的游牧民族中，才以动物纪年，此后随着民族间的融合，华夏族的干支纪年法与少数民族的动物纪年法相融合，产生了十二生肖，清人赵翼甚至断定此俗"起于后汉无疑也"。

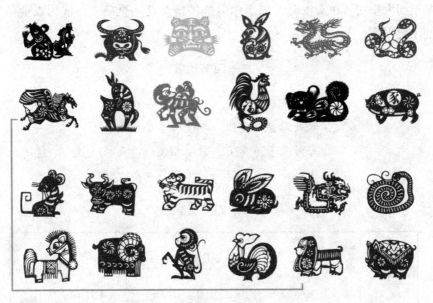

十二生肖剪纸

源远流长的十二生肖，既然广泛影响古代的民俗，因而某些封建文人，也用它作为诗文的题材。大名鼎鼎的朱熹，曾写过十二生肖体的诗篇，每句隐一生肖，类似文字游戏，但也反映出宋代士大夫的生活情趣：

昼闻空箪啮饥鼠，晓驾羸牛耕废圃。

时才虎圈听豪夸，旧业兔园嗟莽卤。

君看蛰龙卧三冬，头角不与蛇争雄。

毁车杀马罢驰逐，烹羊酤酒聊从容。

手种猴桃垂架绿，养得鹍鸡鸣角角。

客来犬吠催煮茶，不用东家买猪肉。

二十四节气

二十四节气用以表示一年里天时和气候变化的24个时期，也就是表示地球在围绕太阳公转的轨道上，24个不同的位置。天文学上，用太阳的黄经度来计算：分黄道为360度，取"春分点"为零度，由此起算，每15度为一个节气，6个节气为一季，合四季而得"二十四节气"（详见下表）。我国劳动人民远在春秋时代已通过农业生产实践，定出春分、夏至、秋分、冬至四大季气。在秦汉时，二十四节气的概念已完全确立，成为农业活动的主要根据。

二十四节气歌

春雨惊春清谷天，夏满芒夏暑相连，

秋处露秋寒霜降，冬雪雪冬小大寒。

每月两节不变更，最多相差一两天。

上半年来六、廿一，下半年是八、廿三。

二十四节气表

	立春 2月3~5日	雨水 2月18~20日	惊蛰 3月5~7日
春季	春分 3月20~22日	清明 4月4~6日	谷雨 4月19~21日

续 表

夏季	立夏 5 月 5 ~ 7 日	小满 5 月 20 ~ 22 日	芒种 6 月 5 ~ 7 日
	夏至 6 月 21 ~ 22 日	小暑 7 月 6 ~ 8 日	大暑 7 月 22 日 ~ 24 日
秋季	立秋 8 月 7 ~ 9 日	处暑 8 月 22 ~ 24 日	白露 9 月 7 ~ 9 日
	秋分 9 月 22 ~ 24 日	寒露 10 月 8 ~ 9 日	霜降 10 月 23 ~ 24 日
冬季	立冬 11 月 7 ~ 8 日	小雪 11 月 22 ~ 23 日	大雪 12 月 6 ~ 8 日
	冬至 12 月 21 ~ 23	小寒 1 月 5 ~ 7 日	大寒 1 月 20 ~ 21 日

二十四节气的传统含义

立春、立夏、立秋、立冬、春分、秋分、夏至、冬至是用来反映一年春、夏、秋、冬四个季节的。立春、立夏、立秋、立冬则反映了春、夏、秋、冬四季的开始。春分、秋分、夏至、冬至是从天文角度来划分的，反映了太阳高度变化的转折点。春分：春季的中间，昼夜平分。夏至：白天最长，夜间最短。秋分：秋季的中间，昼夜平分。冬至：天进九，白天短，夜间长。由于我国地域辽阔，具有非常明显的季风性和大陆性气候，各地天气气候差异巨大，因此不同地区的四季变化也有很大差异。

小暑、大暑、处暑、小寒、大寒 5 个节气反映气温的变化，用来表示一年中不同时期寒热程度。小暑：初伏前后，气候开始炎热。大暑：一年中最炎热的时节。处暑："处"有躲藏、终止的意思，表示炎热即将过去。小寒：气候已比较寒冷。大寒：为最冷的时节。

白露、寒露、霜降 3 个节气表面上反映的是水汽凝结、凝华现象，但实质上反映出了气温逐渐下降的过程和程度。白露：气温下降到一定程度，夜间较凉，空气中的水汽出现凝露现象。寒露：气温明显降低，夜间凝露增多，而且越来越凉。霜降：开始降霜。当温度降至 0℃ 以下，水汽凝华为霜。

小满、芒种则反映有关作物的成熟和收成情况。小满：麦类等夏热作物子粒逐渐饱满。芒种：麦类等有芒作物成熟。

惊蛰、清明反映的是自然物候现象。惊蛰：开始打雷，冬眠动物复苏。清明：气候温暖，天气清和明朗。尤其是惊蛰，它用天上初雷和地下蛰虫的复苏，来预示春天的回归。

雨水、谷雨、小雪、大雪4个节气反映了降水现象，表明降雨、降雪的时间和强度。雨水：降雨开始。谷雨：降雨量增多，对谷类生长有利。小雪：开始降雪。大雪：降雪较大。

地理名词汇编

九州 传说中的我国上古行政区的划分。西汉以前，认为"九州"系禹治水后所划分；东汉以后，有的认为九州是周制，有的认为九州是殷制。具体州名未有定说。《尚书》作冀、兖、青、徐、扬、荆、豫、梁、雍；《吕氏春秋》有幽州而无梁州；《周礼》有幽、并州而无徐、梁州；《尔雅》有幽、营州而无青、梁州。各家所说各州境界，也有一些出入。

八荒 八为东、东南、南、西南、西、西北、北、东北八面方向；荒，荒远之地。《说苑·辨物》："八荒之内有四海，四海之内有九州。""九州"指中原地带，"八荒"指离中原极远的地方。

郡县 我国古代的地方行政区域。春秋时"县"大"郡"小，秦代郡大县小。秦统一后分全国为36郡，后来又增加为40郡。汉高祖刘邦分为62郡，区域变小了。隋唐时改郡为为"州"。县制始于春秋战国，秦代县属郡，一个郡管辖几个县。汉代郡国并存，国以下也有县。隋唐以后县隶属于州或府。

国 周代分封诸侯，每个诸侯都建立一个"国"。秦代取消分封制，不存在国。西汉实行郡、国并置之制，国是汉代诸侯王的封域，也是行政区。国的区域与郡相当，所以常连称"郡国"。

道 地方一级行政单位。唐代将全国分为十"道"，后分为十五道，大略相当于汉代的州，隶属于中央的监察区。北宋初沿袭唐制，分全国为十三道，不久即废，改道为路。清代又恢复道，它的范围较小，属于省管辖，但比府、州为大。

路 北宋废道为"路"，初为征收赋税、转运漕粮而设，后来逐渐带有行政区划和军区的性质。最初分全国为十五路，后来分为十八路、二十三路。南宋失北方之地，仍以势力所及分路十六，如福建路、广东路、广西路、湖南路等，和今天的省名相同，区域也大致相当。元代也有路，但比宋代小，相当于州、府。

省 最初是指宫禁之地，魏晋时成为中央政府机关的名称，金代开始有了"行省"，它是中央尚书省的临时派出机关。元代省成为正式的一级地方行政区划。全国划分为12个大行政区，中央政府直辖的称中书省（元时中央政府即是中书省，同时中书省在元及明初亦是政区名，指直隶中书省的地区），另外分设11个"行中书省"，也简称"行省"。明代改行省为承宣布政使司，但一般习惯上仍称"省"，而中央机关已不再用省的名称，于是"省"就专指最高一级地方行政区。清沿袭明代制度，分全国为十八省，"省"一直沿袭到现在，虽省的数量增加，但它作为最高一级地方行政区划的性质没有改变。

州 相传尧时，分天下为九"州"，即冀州、兖州、青州、徐州、扬州、荆州、豫州、梁州、雍州（依《尚书》说）。冀州相当今河北省南部和山西省东南部一带；兖州相当今河南省北部和山东省西南部一带；青州相当今山东省东部和北部；徐州相当今河南省东南部、安徽省东北部、山东省南部和江苏省北部地区；扬州相当今安徽省南部、江苏省中南部以及江西省东部、浙江省和福建省部分地区；荆州相当今湖南、湖北两省及河南、贵州、广东、广西部分地区；豫州相当今河南省南部、安徽省北部一带；梁州相当今陕西省南部、四川省东部地区；雍州相当今陕西省和甘肃、宁夏的部分地区。舜时为十二州，增加了幽、并、营三州。到了汉代，又增加交州、朔方。三国时，共十八州。晋初分为十九州，后又分为二十一州，从汉到南北朝，州基本上是监察区，有时也是行政区。从南北朝起，州的范围逐渐缩小了，当时江南的州实际上与郡无异。在唐代，全国共有300多个州，是行政区，但大的州，也可称为"府"。明清统一改州为府。

府 依唐代制度，大州称为"府"。唐代府隶属于道，宋代府隶属于路。元代的府，有的隶属于路，有的直辖于中央。明清改州为府，一府管辖几个县。

军 "军"是宋代的行政区域，一个军等于一个州或府，隶辖于路。

如宋代的平定军即清代的平定州，宋代的南安军即清代的南安府，可见军和州府相当。

山东 （1）战国、秦、汉时代，通称华山或崤山函谷关以东为"山东"，泛指战国时秦以外的六国领土。王维《九月九日忆山东兄弟》中的"山东"，指在华山以东包括作者故乡蒲地（今山西省永济县）一带。（2）春秋时的晋国、建都平城时代的北魏、五代时的晋国，均地居太行山西，所以称太行山以东为山东。（3）金代开始，山东即指现山东半岛一带，成为行政区域名。

山西 战国、秦、汉时代，通称崤山或华山以西为"山西"，即"关中"（今陕西省一带），后来指太行山以西的区域为山西。元代开始，山西成为行政区域名。

江东 一名江左。长江在芜湖、南京之间作西南偏南、东北偏北流向，隋唐以前是南北往来主要渡口的所在。自此以下的长江南岸地区（即今苏南、浙江及部分皖南地区），习惯上称为"江东"。三国时这个地区是孙权的根据地，所以当时又称孙吴统治区为江东。

江表 泛指长江以南地区。在中原人看来，该地区在江外，故称"江表"。赤壁之战中鲁肃所称"江表英豪"，即指东吴的英雄豪杰。

江南 泛指长江以南。古代一般指今湖南、江西及湖北的江南部分，近代专指今苏南和浙江一带。唐代"江南"又为十道之一，辖境相当今浙江、福建、江西、湖南等省及苏皖二省的长江以南，湖北、四川省江南的一部分，以及贵州省东北部地区。宋代是十五路之一，辖境相当今江西及安徽省长江以南和江苏省江南茅山以西地区。

河东 战国至汉时指今山西省西南部，唐以后泛指山西省。因黄河经河套后，流向由北向南，本区位于黄河以东而得名。秦代开始设河东郡，唐代设河东道，宋代设河东路，除唐代河东道包括今山西省及河北省西北部内外长城之间，其他辖境均在今山西省内。

关外 （1）秦、汉、唐定都陕西的王朝，称函谷关或潼关以东地区为"关外"。（2）明清称今辽宁、吉林、黑龙江三省为关外，因位于山海关以外得名。

关内 （1）古代在陕西建都的王朝，通称函谷关或潼关以西王畿附近叫"关内"。（2）明清称山海关以西地区为关内。另外，今四川省康定县以东地区亦称为关内。

关西 汉、唐时泛指函谷关或潼关以西地区为"关西"。

西垂 殷周时对西方边地的泛称，相当于今甘肃省东南部一带。

中原 狭义的"中原"指今河南省及其附近地区，广义的中原指黄河中下游地区，或指整个黄河流域，和中土、中州是同义词。陆游《示儿》："死去元知万事空，但悲不见九州同。王师北定中原日，家祭无忘告乃翁。"诗中的"中原"，系指淮河以北沦陷在金人手中的地区。

关中 相当今陕西中部平原（渭水流域）地区，因春秋战国时地属秦国而得名。白居易《秦中吟》之秦中，即指陕西中部平原地区。

剑外 四川省北部有剑门关，关南的蜀中地区称"剑外"。唐代京都长安在剑门关东北，以长安为中心，称此关以南地区为剑外。杜甫诗句"剑外忽传收蓟北"，剑外，即指剑门关南的蜀中地区。

塞外 "塞"指长城要塞。"塞外"又名塞北、朔北、漠南。指长城以北，今内蒙古自治区的中部和西部一带。

西洋 明代把今南海以西（约自东经110度起）的海洋及沿海各地（包括印度、阿拉伯半岛和非洲北部），统称为"西洋"。永乐至宣德年间郑和七次远航南海，通常称为下西洋。明末清初以后，西洋泛指大西洋两岸即欧、美各国。

南洋 我国唐朝时候，由于历史原因，不少人远渡重洋，到现在的东南亚一带谋生。聚居在东南亚各地的华侨越来越多，华侨就把东南亚称做"南洋"。"南洋"包括11个国家。在中南半岛上有越南、老挝、柬埔寨、泰国、缅甸、马来西亚、新加坡，马来群岛上有菲律宾、印度尼西亚、东帝汶、文莱等。

东洋 这名词字面上的意思是东面的海洋。除了代表日本以外，还可以代表东亚地区。而东洋的说法，是相对南洋、西洋而有的说法。明朝初期以婆罗洲的文莱为界，以东称为东洋，以西称为西洋，故过去所称南海、西南海之外，明朝称为东洋，西洋。不过，近代中国通常用它指称日本，可作日本一词的别称。

华阳 相当今陕西秦岭以南，包括汉中和四川、云南、贵州一带。因这些地区均在华山之阳而得名。东晋常璩（qú）所著《华阳国志》即记载此地区的历史。南朝时曾设华阳县、华阳郡，辖境亦在此地区之内。

两淮 宋熙宁后分淮南路为淮南东、西二路，简称淮东、淮西，合称"两淮"。元代以后，指江苏省长江以北的淮南、淮北二盐场。

三楚 秦汉时分称战国楚地为西楚、东楚和南楚，即"三楚"。西楚在淮水以北，泗、沂水以西，当今豫东、皖北和江苏省西北部一带。秦亡后，项羽曾于西楚的彭城（今徐州）建都，国号亦为"西楚"。东楚约当今江苏（除西北部以外）、安徽东南部及浙江北部地区。南楚约当今安徽西南部及江西、两湖一带。

三都、两都 东汉时的"三都"为东都雒（luò）阳（即洛阳，在今洛阳市东北）、西都长安（汉城在今西安市西北）、南都宛（yuàn，在今河南南阳市）。唐代的三都指东都洛阳（三国魏时改"雒"为"洛"）、北都晋阳（在今太原市）以及京都长安。左思《三都赋》所指三都，是三国时的蜀都成都、吴都建业（在今南京市）和魏都邺（在今河北省临漳县附近，故城早已毁）。班固《两都赋》所指"两都"，是东都雒阳（东汉的国都）和西都长安（西汉旧都）。唐代的两都指东都洛阳、西都长安；五代则指东都开封府和西都河南府。

五京、两京 唐代的"五京"，指东京河南府（在今河南省洛阳市东北）、北京太原府（在今山西省太原市西南）、南京成都府（在今成都市）、西京凤翔府（在今陕西省凤翔县）、中京京兆府（在今陕西省西安市）。东汉的"两京"，指首都雒阳和西汉旧都长安。宋代则以东京开封府（今河南省开封市）、西京河南府（洛阳）为两京。明代永乐以后，两京指京师顺天府（在今北京市）和南京应天府（在今南京市）。

五岭 越城、都庞、萌渚、骑田和大庾五岭的总称（一说有揭阳岭而无都庞岭），绵亘于湘、赣、桂、粤边境地区，为长江、珠江分水岭，又名南岭。其中以越城岭（2118米）最高。大庾岭古称梅岭。毛泽东《七律·长征》"五岭逶迤腾细浪，乌蒙磅礴走泥丸"，所指"五岭"，即此。

函谷关 故址在今河南灵宝县东北，因关在谷中，深险如函（匣子）而得名。公元前241年，楚、赵、魏、韩、卫合纵攻秦，至函谷关败还，当时该关亦为秦国与关东六国的分界。崤山东自河南新安县境，西迄潼关，高峰凌绝，形势险要。贾谊《过秦论》"秦孝公据崤函之固"，即指此。

易水 在河北省西部，有中、北、南3条支流。源出易县境，流入南拒马河，最后注入大清河。荆轲所歌，"风萧萧兮易水寒"，即指此水。

阳关 西汉置，故址在今甘肃敦煌县西南古董滩附近，因在玉门关之南，故名。王维《送元二使安西》"西出阳关无故人"中的阳关，即指此。

我国的东南西北

我国陆域广大、海域辽阔，面积约960万平方千米，东西相距5000千米，南北相距5500千米，差不多和欧洲一样大，是世界大国之一。

我国的最东端是黑龙江和乌苏里江的主航道汇合处。黑龙江是亚洲的大河之一，有南北两个源头，在黑龙江省漠河以西的恩和哈达附近汇合后称黑龙江。乌苏里江为黑龙江的支流，在伯力同黑龙江汇合，从黑龙江南北汇合点起，到黑龙江与乌苏里江汇合处止，为中俄界河。

我国的最南端是南沙群岛的曾母暗沙，最北端是"北极村"漠河。南北跨纬度50度左右。当北方进入千里冰封的隆冬季节的时候，南国的海岛仍然是一片盛夏的景象。曾母暗沙，是我国南海中南沙群岛的暗沙之一，由珊瑚礁组成。漠河，在黑龙江省大兴安岭北坡、黑龙江畔，是我国最北部的一个村镇。

漠河，一年四季无霜期只有90多天，冬长夏短，景象奇特。严冬，大地镀银，白雪皑皑，气温一般都在零下40℃左右，最冷时曾达到零下52.3℃。6月，迎着融化的积雪开放的兴安杜鹃，染红了千山万壑，8月，西伯利亚寒潮袭来，一夜之间，山野和森林又披上了银装。"北极村"夏季日照时间长，夜间只有两三个小时，夏至前后，可看到北极光，五光十色，大地生辉。每年在5月17日到7月28日的两个多月时间内，每天在日落以后的"夜"里天空还是发亮的。特别迷人的是太阳在20时后才慢慢下山，紧接着的是漫长而明亮的黄昏，而当黄昏还没有黑尽的时候，东方又露曙光了。所以，人们又称漠河为"不夜城"。

漠河，是我国著名的产金之乡。公元1886年（光绪12年），当地鄂伦春人在老沟河谷葬马穴挖到一块金子，1887年，清廷派一个叫李金镛的官吏，领兵带人到老沟开采金矿，冷落的漠河开始热闹起来。不久，官吏将采到的金子送到京城，慈禧认为这里的金子成色好，就用胭脂换金，于是这个老沟便更名为"胭脂沟"了。

我国的最西端是帕米尔高原，位于新疆维吾尔自治区西南部、塔吉克斯坦的东南部、阿富汗东北部一带，是天山、昆仑山、喀喇昆仑山和兴都库什山等交汇而成的大山结，为中国习称的葱岭的一部分，历史上著名的"丝绸之路"经此通往波斯（伊朗）等地。

我国东西跨经度 60 多度。当东海之滨的渔民迎着朝阳出海捕鱼的时候，帕米尔高原的牧民正在深夜中酣睡呢！

四大高原

指的是：青藏高原、内蒙古高原、黄土高原和云贵高原。

青藏高原是世界上地势最高的大高原，平均海拔达 4500 米，号称世界屋脊。青藏高原上有一系列高大山脉。喜马拉雅山脉的主峰珠穆朗玛峰海拔约为 8848 米，是世界最高峰。高原上有 1000 多个湖泊，是世界上湖泊最多的高原，其中青海湖是我国第一大咸水湖，湖中的鸟岛驰名中外；纳木错是世界上地势最高的湖泊。高原上还有很多的盆地。

内蒙古高原海拔一般在 1000 米左右。它地势坦荡，水草丰茂。

黄土高原是世界四大文化发源地之一，海拔 1000～2000 米，地面覆盖 50～80 米的黄土层。黄土高原每年要流失黄土 10 亿多吨。

云贵高原是典型的石灰岩岩溶地貌，有奇异的石林、孤峭的石峰、深邃的洞穴、忽隐忽现的地下河流。高原上北盘江打帮河上源的黄果树大瀑布，从 57 米高的陡崖上直泄犀牛潭，气势磅礴，是我国最大的瀑布群。

三山五岳

"三山五岳"的提法，在我国很早就出现了。今天的五岳，指东岳泰山、北岳恒山、中岳嵩山、西岳华山和南岳衡山。但历史上的五岳是有变迁的。汉武帝就以今安徽潜山县的天柱为南岳，今河北曲阳县的大茂山为北岳。在封建割据时期，还有一些地方政权在所属管辖区内另封五岳。如三国吴末帝孙皓封今江苏宜兴县的离里山为中岳，又封其南的荆南山为南岳等。五代闽帝王延钧封今福建宁德县的霍童山为东岳，永泰县的高盖山为西岳等。唐朝时南诏统治云南，则以境内点苍山为中岳、乌蒙山为东岳、无量山为南岳、玉龙山为北岳、高黎贡山为西岳。

关于三山的说法有几种。江苏省南京市西南长江东岸，有三峰排列，南北相连，称为三山。诗人李白《登金陵凤凰台》有"三山半落青天外，一水中分白鹭洲"的诗句。江苏省镇江市长江江滨和江中的金山、焦山、北固山夹江相峙，世称金口三山。还有一种流传最广的说法是，认为三山也就是三神山。古代传说的东海中有蓬莱、方丈、瀛洲三山，为神仙所居，

东岳泰山

总称"三神山"，山上有长生药，宫殿都是用黄金白银建造的。《史记·秦始皇本纪》记载："齐人徐芾等上书，言海中有三神山，名曰蓬莱、方丈、瀛洲，仙人居之，请得斋戒与童男女求之。于是遣徐芾发童男女数千人人海求仙人。"

我们现在所说的三山五岳，是泛指祖国的名山。

五湖四海

"五湖"的说法也很多。《水经注·沔水》认为"五湖乃长荡湖、太湖、射湖、贵湖、滆湖"。而唐司马贞认为"太湖、洮涌、彭蠡、青草、洞庭湖"称为"五湖"。五湖涉及的范围很广，近代一般以"洞庭"、"鄱阳"、"太湖"、"巢湖"、"洪泽湖"为"五湖"。

至于"四海",汉代的刘向在《说苑·辨物》中说:"八荒之内有四海,四海之内有九州。"据颜师古解释:八荒,乃八方荒忽极远之地也。那么,四海呢?《尔雅·释地》说:"仇夷、八狄、七戎、六蛮谓之四海。"也有人认为"九州"确被四海环绕。而《礼记·祭义》具体提到了"东海"、"西海"、"南海"、"北海",但是没明确海域。宋代的洪迈《容斋随笔》中说:"四海一也"。他的划分法与今天的海域划分有相似的地方。

现在"五湖四海"泛指四方,即全国各地。

省级区名探源

北京市 我国五大古都之一。最早叫蓟,西汉时叫广阳,后曾称幽州。辽时称为南京,后改为燕京。元代统一全国后,命名为大都。明代废大都,改称北平,明永乐时改北平为北京,并出现过顺天府、京师、京兆等名称。以后年代,曾先后出现过北平特别市和北平市的名称。解放后,改北平为北京,定为中华人民共和国首都。

天津市 明代永乐二年(1404年)出现"天津卫"名称。因明代永乐帝朱棣在此出兵渡河南下,取得天下后,为了颂扬自己的"圣迹",命名为"天津",是"天子渡口"的意思。

河北省 因在黄河以北,故称河北。唐代时,在当时黄河以北、太行山以东地区设河北道,这是河北作为大政区名称的开始。清代称直隶省,1928年改名河北省。省境于《禹贡》为冀州之地,故简称冀。

山西省 因在太行山以西,故称山西。元代建都今北京市,称黄河以东、太行山以西为山西,设河东山西道宣慰司,这是山西作为政区名称的开始。明初改置山西省,沿袭至今。省境内春秋时为晋国地,故简称晋。

内蒙古自治区 蒙古原为蒙古高原的部族名,始见于唐代记载。晚清以后,始用内蒙古一词泛指大漠以南、长城以北,东起哲里木盟,西至套西厄鲁特的所有盟旗牧场,1947年建立内蒙古自治区。

辽宁省 地处辽河流域,自战国至明代,都以辽河流域为中心,用"辽"字作为政区名。1928年取辽河流域永久安宁之意,改名辽宁。简称辽。

吉林省　清初在松花江沿岸建吉林乌拉城（今吉林市）。满语"吉林"意即"沿"；"乌拉"是"大川"的意思，吉林乌拉就是"沿着松花江"的城市，简称吉林，为吉林将军驻地。清末光绪时（1907 年）将吉林将军驻地建为吉林省。简称吉。

黑龙江省　黑龙江名称最早见于《辽史》，因为江水色黑，蜿蜒如游龙，故名。清初（1683 年）设黑龙江将军管辖黑龙江流域。清末光绪时（1907 年）建为黑龙江省。简称黑。

上海市　上海最初兴起于上海浦岸上，聚落形成后即用浦名。称这个最早的市集为上海，以其"地居海之上洋"故名。宋代时上海已是一个相当兴盛的小镇，小镇名上海。鸦片战争后辟为 5 个通商口岸之一，1928 年设市。简称沪。相传境内的吴淞江（苏州河）下游近海一段古称沪渎，因而得名。上海西部地区是战国时代楚国春申君的封地，为此，又曾称"申"。

江苏省　以江宁府和苏州府的首字为名。清康熙六年（1667 年）改江南右布政使司为江苏布政使司，江苏之名始此。简称苏。

浙江省　因钱塘江流盘回曲折得名。明初建为浙江省。简称浙。

安徽省　以安庆府和徽州府的首字为名。清顺治初改设安徽巡抚，安徽之名始此。安徽省简称皖。清代建省后因省会在安庆府，安庆府别称皖，故皖作为省的简称。

福建省　唐代时设福建节度使，管辖福、建、泉、漳、汀五州。福建是因取五州的首次二州而得名的。明代时建为福建省。福建古时为闽越族居地，因而简称闽。

江西省　长江在芜湖、南京间向东北流，在隋唐以前，习惯称自此以下的长江以北、淮水以南的地区为江西。唐开元时将原江南道的西部分设江南西道，简称江西道，江西始为政区名称。因有赣江纵贯全境，故简称赣。

山东省　山东原先是地区名。秦汉时代指崤山以东为山东。唐时以太行山以东地区为山东。宋在开封以东地区设京东西路和京东东路。金代建都中都（今北京市），开封已不是京都，因改京东东、西路为山东东、西路，其中山东东路辖境相当于今山东省及江苏淮北地区，山东开始作为政区名称。明初建为山东省。省境在春秋时为鲁国地，故简称鲁。

河南省　河南在黄河以南而得名。在战国时是一个地区名。唐代时全国划分为十道，即以当时黄河以南、淮水以北地区为河南道，河南始为大政区名称。明初建为河南省。省境于《禹贡》为豫州之地，故简称豫。

湖北省　因在洞庭湖以北而得名。宋代时以洞庭湖以北至于荆山，置荆湖北路，简称湖北路，湖北自此得名。清代置湖北省。湖北因清代省会武昌是隋以后鄂州的治所，故简称鄂。

湖南省　因在洞庭湖以南而得名。唐代设湖南观察使，辖洞庭湖以南湘、资二水七州之地，始有湖南之名。宋代时以湖南地区设置荆湖南路，简称湖南路。清代置湖南省。湖南因湘江纵贯全省，故简称湘。

广东省　五代时称今广东、广西地区为广南。北宋初建为广南路，后又分为东、西两路，后简称广南东路为广东路，明初建广东省。后人称两广为两粤，称广东为粤东，故广东省简称粤。

广西壮族自治区　明初建广西省。1958年改广西省为广西壮族自治区。因秦时置桂林郡于此，而且广西自宋至清治所都在桂州即桂林府，故简称桂。

四川省　宋代以今四川大渡河东北和陕西汉中地区分设益州、梓州、利州、夔州四路，合称"川峡四路"，后又简称四川路。元代始合四路设四川行省。简称川，又因境内在春秋战国时为蜀国地，故又简称蜀。

贵州省　以城市而得名。宋代记载把唐设置的矩州写成贵州，元初正式改名为贵州。以后的行政建制即以治所所在的"贵州"二字为名。明永乐时建贵州省，简称贵。又因省境在唐代属黔中道，故又简称黔。

云南省　最初只是汉代的一个县名。相传汉武帝时有"彩云"见于今凤仪一带，派人追踪"彩云"至此，因置县于"彩云"之南，故名云南。以后，云南名称就沿用为政区名。元代建为云南行省。简称云或滇，滇是因为省会昆明附近一带古代曾是滇国的地方，故名。

西藏自治区　元时称西藏地区为乌斯藏，隶属于中央的宣政院，"乌斯"是藏语"中央"的意思，"藏"是"圣洁"的意思。清代初，因其地在中国西部，遂称西藏。派西藏办事大臣进驻拉萨，乾隆十八年（1793年）《钦定西藏章程》公布，西藏正式成为政区名称。1956年成立西藏自治区。

简称藏。

陕西省 以山川得名。周成王时将王畿千里之地（西起泾渭平原，东抵伊洛流域）以陕陌为界分为东西二部分，因而后人称陕陌（今河南陕县西南）以西地区为陕西。唐代设置陕西节度使，这是陕西作为政区名的开始。元代设陕西行中书省。简称陕，又因春秋战国时为秦国地，故又简称秦。

甘肃省 以城市得名。甘肃一名始于 11 世纪，西夏在其境内以甘（今张掖县）、肃（今酒泉县）二州设置甘肃监军司（监军司与府、州同属二级政区）。元代时改设甘肃行省，甘肃作为省名始此。简称甘，又因省境在陇山之西，旧时别称"陇西"或"陇右"，故又简称陇。

青海省 以境内青海湖而得名。青海之名始见于《水经注》。清雍正年间设西宁办事大臣，因管辖青海地区，故习惯上又称青海办事大臣，是为政区名的开始。1928 年改建为青海省，简称青。

宁夏回族自治区 13 世纪中叶元代以西夏故地，设置西夏中兴行省，后来又取夏地安宁之意，改称宁夏行省。1958 年建立宁夏回族自治区。简称宁。

新疆维吾尔自治区 新疆原名西域，西域名称大约起于西汉宣帝神爵二年（公元前 60 年），汉朝政府在这里设置西域都护府，此后 2000 多年，西域一直处于中国历代政府有效管辖之下。到清朝，由于西域各地统一于清朝的时间，比起东北、西南地区都较晚，故清朝统治者有时称这里为新疆。设伊犁将军统辖天山南北路，1884 年清政府正式建立新疆省，成为正式政区名。1955 年改建为新疆维吾尔自治区。简称新。

台湾省 以城市得名。自汉至元，台湾被称为"夷洲"或"流求"。16 世纪时有"大员"之称，是当地高山族部落名的译言。进入 17 世纪"大员"又改写成"台湾"。清康熙时设台湾府。清光绪时改建为台湾省，简称台。

香 港 香港的得名，与莞香很有关系。莞香即东莞县所产的沉香。古时香港和九龙均属东莞管辖。据考证：香港和九龙从宋朝末年开始有人种莞香，种植地点在今大屿山东南部和九龙的粉岭，所产香料质地优良，为莞香之上乘。其中有一种叫"女儿香"的产品，更被誉为"海南珍奇"。

莞香自古销路很广，明朝中叶，香港、九龙一带居民，多以种香为业，莞香每年出口的贸易额均在数万银锭以上，大宗产品用一种叫"大眼鸡"的海船运往各地，所以海湾的东北部便称为香港了。

满人入关，实行严格的海禁，强迫沿海居民往内地迁徙25千米，名为"迁界"。香港和九龙均属迁徙之地，因此种香业全部遭到破坏，以后再没有得到恢复。但香港地名一直保留下来。

澳　门　澳门原名香山澳，处于南屏河入海口，是一个三面临海，一面连着大陆的半岛，水陆运输非常方便。"澳"字在古代的解释，即是指与外人通商的地方。香山澳的名字后来又有了演变，去了"香山"二字，在"澳"字之后加了个"门"，成了"澳门"。据《澳门纪略》载："其曰澳门，则以澳南有四山离立，海水纵横成十字，曰十门……故合称澳门。"

我国部分城市美称

蓉城、锦城——四川成都市

榕城——福建福州市

牡丹城——河南洛阳市

花果城——山西临汾市

油城——甘肃玉门市

盐城——四川自贡市

锡都——云南个旧市

煤都——辽宁抚顺市

酒城——四川泸州市

纺织城——陕西咸阳市

英雄城——江西南昌市

龙城——山西太原市

瓷都——江西景德镇市

汽车城——吉林长春市

雨城——四川雅安市

花园城——浙江杭州市

刺桐城——福建泉州市

钢都——辽宁鞍山市

烟城——河南许昌市

日光城——西藏拉萨市

泉城——山东济南市

水城——江苏苏州市

江城——湖北武汉市

冰城——黑龙江哈尔滨市

羊城、花城——广东广州市

塞上煤城——宁夏石嘴山市

镍都——甘肃金昌市

青城——内蒙古呼和浩特市

春城——云南昆明市

山城——四川重庆市

瓜果城——甘肃兰州市

草原钢城——内蒙古包头市

化学城——吉林吉林市

布达拉宫

布达拉宫坐落在西藏自治区拉萨市西隅，是一处依山营建的宏伟建筑群。唐太宗时，文成公主与吐蕃松赞干布结亲，松赞干布为她别建宫室，宫址就在今天的布达拉宫。后来因松赞干布时建的宫殿屡遭兵火，现在只有观音堂和松赞干布、文成公主的塑像，传说是当年的遗物。

清顺治九年（1652 年），五世达赖到北京朝见顺治皇帝，受到清朝中央政府的册封，正式承认其为西藏地方政府政教合一的领袖。他返回西藏后，就开始修建布拉达宫。其后，经历代达赖陆续扩建，形成今天的规模。

布达拉宫高 13 层，178 米，东西长达 400 余米，整个建筑系砖、木、石结构，用大块方石砌造的宫墙，厚达 1 米以上。全宫共有佛堂、经堂、灵塔殿、习经堂等 15000 多间，殿堂墙壁上多有色彩鲜艳的壁画。整个建筑具有独特风格，表现出藏族建筑艺术的特色。宫内陈设有大量雕铸精美的佛教造像，质料有金、银、铜、玉和檀香木等，总数达几十万件之多。还藏有大量古代经卷、法器、幡幛等文物。也存有反映着当时西藏地方政府和中央政府之间关系的文书、碑刻等文物。

江南三大名楼

岳阳楼 位于湖南省北端的岳阳市内，据说是当年鲁肃在洞庭湖训练水师所筑的阅兵台，已有近 1800 年的历史。唐开元四年，张说驻守岳城，正式定名为岳阳楼。到了宋朝庆历四年，岳阳楼重修，范仲淹为之写下名篇《岳阳楼记》。

黄鹤楼 原址在湖北武昌长江边蛇山西端的黄鹄矶上。《元和志》记载："因矶名楼，名黄鹤楼。"此说较为可靠。始建于三国时，南朝时即成游览胜地。对于此楼有各种说法：一说是古代仙人子安曾骑黄鹤过此楼；一说是费祎得道登仙，常骑黄鹤到此楼休息；一说是辛氏卖酒，有一道士饮酒临别，取桔皮在墙上画鹤，告之客至拍手引之，鹤当飞舞来侑酒，辛遂致富。一天，道士复来，吹起笛子。须臾白云自空飞来，鹤也飞下，道士乘鹤飘然而去。于是辛氏就在此地建楼。

滕王阁 故址在今江西省南昌市赣江滨，唐高祖的儿子滕王元婴为洪州刺史时所建，其后阎伯屿为洪州牧，宴群臣于阁上，王勃省父过此，即席作《滕王阁序》，阁历经修建，后焚毁。现已修复。

"江南三大名楼"，约在宋代即开始沿用此称。

古典园林之最

我国被人称为世界园艺之母，特别是古典园林数目之多，规模之大，建造技术之奇特，风景之优美，是举世闻名的。

皇家宫苑最多的地方——北京。北京在历史上曾是金、元、明、清等朝代的国都，各代帝王都兴建过宫苑，而明、清两代建造的宫苑遗留下来的最多。今天的北海、中海和南海就是明代的"西苑"。今天的颐和园、香山公园、圆明园、畅春园都是清代建造的皇家宫苑。

私家园林最有名气的地方——苏州。私家园林汇萃于江南，而江苏则有"江南园林甲天下，苏州园林甲江南"之称。苏州在历史上有大小园林400余处。其中沧浪亭、狮子林、拙政园、留园四大名园，是风景极佳的旅游胜地。

最大的皇家园林——承德避暑山庄。河北省承德的避暑山庄，是我国规模最大的皇家园林，总面积比颐和园大1倍，比北海公园大8倍。园内原有楼台廊庭、桥亭轩榭、寺观塔碣等各类建筑120余组（座）。整个山庄是我国地貌环境的缩影，真是"山庄咫尺间，直作万里观"。

最古老的皇家园林——首都北海公园。北京的北海公园是我国现存的历史最悠久的一处古园林，整个公园占地1071亩（1亩≈667平方米），其中水域面积883亩，琼华岛位于水面南部，楼、殿、亭、阁，依山傍水，参差错落，游廊曲折，风景秀丽。建成至今已有800多年。

北海公园

最大的假山——景山。北京景山公园中的景山是一座聚土叠石、五峰连缀的园林土山，中峰高43米，四周有路可以登升。五座山峰，峰峰有亭，都是乾隆十六年（1751年）所建。其中以中峰的万春亭最大，站在这里，可以俯视北京全城壮丽景色。

最长的彩画长廊——颐和园长廊。北京颐和园里傍依昆明湖的长廊，始建于清乾隆十五年。这座廊总长为 728 米。中间每隔 10 米便有一座亭、阁、轩、舫。长廊每根梁枋都绘有彩画，总数近 2 万幅。内容有西湖风景、山水人物、花卉翎毛等。

圆明园

圆明园原是明朝的一个故园。入清以后，康熙皇帝把它赐给了其子胤禛（即后来的雍正皇帝）。雍正帝死后，乾隆帝即位，他六下江南，遍访名胜，看到名园美景，便命人记下，回北京后即在圆明园内一一仿造。他在位 60 年，修建圆明园的工程一直未辍。经康、雍、乾、嘉、道、咸六朝，150 多年的经营，终于以人民的血汗为基础，建成了我国历代王朝前所未有的、与法国凡尔赛宫合称世界园林史上两大奇迹的御苑。清代帝王还广收中外古今珍贵文物藏于园中，使这所景色宜人的园林，同时还成为宏伟壮观的博物院和艺术馆。

圆明园内有玉泉山水流入，水陆各半，山水之间，建有许多楼台殿阁廊榭馆轩，千姿百态，美不胜收。在第二次鸦片战争中，英法侵略者打到北京，闯进圆明园，进行了疯狂的抢劫。英军官赫里斯抢到的东西，找了 7 个士兵帮忙才运回了兵营，其中有一座 2.1 米高的金塔，还有一个镂金花盆，金镂之间有用白珊瑚雕琢成的文字，盆中栽有一株高 0.3 米的金树，树上挂着红玉为核的蓝宝石果子。后来镇压太平军的刽子手戈登也参加了抢劫，他写道："我们就这样以最野蛮的方式摧毁了世界上最宝贵的财富。"隔了几天（1860 年 10 月 17 日）联军司令部正式下令可以自由抢掠，劫夺之烈瞬即达到高峰。英军书记官写道："每个人都是腰囊累累，满载而归。"法国兵营驻扎园前，他们手持棍棒，遇珍贵可携者则攫而争夺，遇珍贵而不可携的如铜器、瓷器、楠木等，则以棒击毁。侵略军在大肆洗劫之后，又决定放火烧园。1860 年 10 月 18 日清晨，英国密克尔骑兵团 3500 人进园纵火，全园顿成火海，火势三日不息。集中国人民无数血汗的杰作，遂化为瓦砾之地，法国大文豪雨果曾撰文斥责英法联军火烧圆明园的卑劣行为。

三宫六院

故宫内以乾清门为界，南为外朝，北为内廷。内廷即是皇帝和他的后妃们起居生活的地方。三宫即指中路的乾清宫、交泰殿、坤宁宫，又称"后三宫"。六院即分别指东路六宫：斋宫、景仁宫、承乾宫、钟粹宫、景阳宫及永和宫；西路六宫：储秀宫、翊坤宫、永寿宫、长春宫、咸福宫及重华宫。因各宫均为庭院格局建筑，故总称"六院"。这也就是人们常说的"三宫六院"。

三大石窟

在我国历史上有三大石窟，它们分别是：

莫高窟，位于甘肃省的敦煌市。莫高窟属全国重点文物保护单位，俗称千佛洞，坐落在河西走廊西端的敦煌，以精美的壁画和塑像闻名于世。它始建于十六国的前秦时期，历经十六国、北朝、隋、

莫高窟标志建筑

唐、五代、西夏、元等代的兴建，形成巨大的规模，现有洞窟 735 个，壁画 4.5 万平方米、泥质彩塑 2415 尊，是世界上现存规模最大、内容最丰富的佛教艺术圣地。近代以来又发现了藏经洞，内有 5 万多件古代文物，由此衍生专门研究藏经洞典籍和敦煌艺术的学科——敦煌学。但在近代，莫高窟受到骗取、盗窃，文物大量流失，其宝藏遭到严重破坏。1961 年，莫高窟被中华人民共和国国务院公布为第一批全国重点文物保护单位之一。1987年，莫高窟被列为世界文化遗产。

云冈石窟，位于山西省大同市以西 16 千米处的武周山南麓，依山而凿，

东西绵延约 1 千米，气势恢弘，内容丰富。它始建于公元 460 年，由当时的佛教高僧昙曜奉旨开凿。窟中菩萨、力士、飞天形象生动活泼，塔柱上的雕刻精致细腻，上承秦汉（公元前 221 年～公元 220 年）现实主义艺术的精华，下开隋唐（公元 581～907 年）浪漫主义色彩之先河。现存主要洞窟 45 个，大小窟龛 252 个，造像 5 万 1 千余尊，代表了公元 5～6 世纪时中国杰出的佛教石窟艺术。其中的昙曜五窟，布局设计严谨统一，是中国佛教艺术第一个巅峰时期的经典杰作。

龙门石窟，位于河南省洛阳市。2000 年 11 月 30 日洛阳龙门石窟被联合国教科文组织遗产委员会列入《世界遗产名录》。龙门石窟始开凿于北魏孝文帝迁都洛阳（公元 493 年）前后，后来，历经东西魏、北齐，到隋唐至宋等朝代又连续大规模营造达 400 余年之久。密布于伊水东西两山的峭壁上，南北长达 1 千米，现存窟龛 2345 个，题记和碑刻 2680 余品，佛塔 70 余座，造像 10 万余尊。其中最大的卢舍佛像高达 17.14 米，最小的仅有 2 厘米。她面容丰腴典雅，笑意微露，端庄而美丽。这些都体现出了我国古代劳动人民极高的艺术造诣。

文字、语言、文学

普通话和方言

普通话是以北京语音为标准音、以北方话为基础的方言、以典范的现代白话文著作为语法规范的现代汉民族共同语。普通话不等于北方话或北京话，它也吸收了其他方言中的成分，比任何方言更丰富、更完善。在历史的发展过程中，特别是近几百年来白话文学和"官话"的传播，使其规范逐渐明确，影响日益扩大。新中国成立以来，随着人们交往的日益频繁，《汉语拼音方案》的推行，普通话得到了迅速的推广和发展。

汉字不是表音文字，字形与读音的联系不很紧密。因此，学说普通话必须注意正音。

语音的差别显而易见，不言而喻。词汇上、语法上的差别也很大，如普通话说"赶集"，在广西方言中则说"赶圩"，前者说"你先走"，后者则说"你走先"。

方言，是一种语言的地方变体，是语言分化的结果，在语音、词汇、语法上各有其特点。

现代汉语有北方方言、吴方言、湘方言、赣方言、闽方言、粤方言和客家方言等。它们都是从古代汉语发展演变而逐渐形成的，因而它们都是现代汉民族共同语的地方变体或地域分支。随着社会的发展，人们交往的频繁，方言的交际作用逐渐缩小。但方言研究仍是一门学问。它可以帮助我们更好地了解古代汉语的历史面貌和演变过程。比如，古代汉语有入声，现代汉语普通话里没有入声。研究现代方言里入声的情况就可以了解入声逐步发展以至消失的过程。方言研究还可以帮助我们更深入地了解现代汉民族共同语普通话的构成及其特点，更好地贯彻我国文字改革、推广普通话和汉语规范化的政策。方言研究对于文献学、考古学、民俗学、民族史、文化史等科学的研究也能提供一定的帮助。

普通话是在北方方言这一基础方言的基础上产生的，是全民族使用的交际工具，北方方言在诸方言中威信最高、流传最广、使用人口最多。因此，普通话是方言的高级形式。方言则是某一特定地区人们所使用的交际工具。普通话对方言的语音、词汇、语法都有一定的影响，同时，也从各方言中吸收营养，从而使其本身更丰富，更好地发挥交际工具的作用。

中国八大方言

现代汉语除普通话以外，还有许多不同的方言。这些方言是汉语共同语的一个地域分支，并不是同普通话并立的独立语言。

汉语的方言可分成8区：

1. 以北京话为中心的北方方言区：分布在长江以北汉族居住地，长江以南镇江以上九江以下的沿海地带，湖北、四川、云南、贵州四省、湖南西北一带。使用人口约64000万，占汉族总人口70%以上。它是汉语共同语的基础。中国人口这么多，地域这么广，语言这样一致，在世界上是少见的。

2. 以上海话为代表的吴方言区：使用人口约7700万，分布地方包括江苏省长江以南镇江以东部分，浙江大部分。

3. 以长沙话为代表的湘方言区：使用人口约4600万，分布在湖南省大部分地区。

4. 以南昌话为代表的赣方言区：使用人口约2200万，分布在江西、湖北东南一带。

5. 以广东梅县话为代表的客家方言区：使用人口约3700万，分布在广东、广西、福建、江西等省。湖南、四川两省也有少数说客家话的。

6. 以福州话为代表的闽北方言区：使用人口约1100万，分布于福建省北部和台湾的一小部分，南洋华侨也有说闽北方言的。

7. 以厦门话为代表的闽南方言区：使用人口约 2800 万，分布于福建南部，广东的东部潮州、汕头一带以及海南省的一部分、台湾省的大部分。南洋华侨有很多是说闽南方言的。

8. 以广州话为代表的粤方言区：使用人口约 4700 万，分布在广东、广西，海外华侨很多是说粤方言的。

汉语方言在语音上的差异也表现在词汇、语法等方面。一样东西，不同地方，名称不一样，如"玉米"、"棒子"、"苞谷"、"苞米"、"苞黍"、"珍珠米"等。北方话说"要看戏吗？"江浙话说"阿要看戏?"

方言将同普通话长期并存，但为了加强各地区各民族间的更加紧密的交流，必须大力推广普通话。

双声与叠韵

在现实生活中，我们常常发现，一些家长给小孩取的名朗朗上口，富有音乐美。其中的奥妙是他们巧妙地利用了汉语普通话中双声与叠韵这一独特的语音形式。

我们管两个字的声母相同，叫做双声。例如：美满，声母都是 m；慷慨，声母都是 k。叠韵则是两个字的韵部相同。例如：从容，韵母都是 ong；优厚，韵母都是 ou。

现代汉语语音响亮、优美，富有音乐性，这是因为元音在音节中占主要地位，乐音比较多，语音响亮悦耳；辅音中清辅音多，又使得语音柔和动听。此外，双声与叠韵也是一个很重要的原因。可以说，双声与叠韵是汉语语音的一个显著特点。

恰当地运用双声与叠韵，可以使语音和谐，悦耳动听，富于音乐美。散文家朱自清的作品里运用双声与叠韵的例子屡见不鲜。《绿》中有这样几句："仿佛一只苍鹰展着翼翅浮在天宇中一般。仿佛一张极大极大的荷叶铺着，满是奇异的绿呀。她又不杂些儿尘滓，宛然一块湿润的碧玉，只清清的一色……""仿佛"是双声，"奇异""宛然"是叠韵。毛泽东词《沁园春·长沙》："问苍茫大地，谁主沉浮"更是双声与叠韵的妙用。

古代汉语中单音词占优势，但也有一部分纯粹双音词，即所谓"连绵字"。而连绵字的绝大多数是由双声叠韵构成的,例如:流离、踊跃、邂逅、参差等属双声;崔嵬、扶苏、芍药、逍遥等属叠韵。需要注意的是,古今南北的读音不同,两字是否双声与叠韵,须依时、地条件而定。

押 韵

唐玄宗时,节度使安禄山举兵造反,独霸一方,自封为皇。

安禄山喜欢作诗,有一次,他寄了一盒樱桃给儿子怀王庆绪,并作了一首诗:樱桃一篮子,半青一半黄,一半与怀王,一半与周贽。

下臣提意见说:"大作写得高妙,但如果能改为'一半与周贽,一半与怀王',那就押韵了。"安禄山发怒说:"混帐!我儿怎么排在周贽之后?"

这则小品载在明朝笔记小说《五杂俎》中,它反映了安禄山的专横跋扈,说明了遣词造句,特别是押韵在诗文中的重要。

押韵又叫合辙。合辙是押韵的通俗说法,比喻用韵好像车轮宽度同辙迹完全一样。所谓押韵是在两个或两个以上句子中,有的句子或所有句子按照一定规律使最后一字的韵母相同或相近。例如:欲悲闻鬼叫,我哭豺狼笑。洒酒祭雄杰,扬眉剑出鞘。

这样用近似的乐音在不同句子的同一位置上反复出现,可以使句子显得音调和谐,抑扬顿挫,易说、易唱、易记。在诗歌、戏曲、曲艺唱词和儿歌中用韵,能从语言上增强艺术效果。

在我国古代诗歌创作中,押韵有悠久传统,但旧诗韵脱离口语较远。我们现在说的押韵,是指根据普通话的语音来押韵的。十八韵就是根据现代北京语音的音系把同韵可以相押的字归纳成的 18 类,这可以作为押韵的依据。普通话韵母和十八韵有对应关系,要把韵押得恰到好处,必须学好普通话。

押韵的目的是为了更好地表现思想内容,因此,用韵必须服从内容,不能为了凑韵而损害内容。押韵时,还要注意语言规范化,韵脚要用得贴切自然,不能生拼硬凑,乱用词语。

妙用双关

我国长篇著名小说《红楼梦》里很多人物的命名，都是运用谐音的方法。"甄士隐"、"贾雨村"就是谐的"真事隐"、"假语存"。作者通过谐音双关，暗示人物的命运："英莲"自幼被拐，命很苦，确实"应怜"；小乡宦之子"冯渊"，被活活打死，平白"逢冤"。

"双关"是一种利用语音或语义的条件，使语句具有双重意义，造成言此而意彼效果的一种修辞方式。一般可分为两种：一是谐音双关。利用音同或音近的条件，使词语或句子一语双关。上面所说《红楼梦》中一些人物的命名，就是采用这种方法。又如毛泽东词《蝶恋花·答李淑一》中的"我失骄杨君失柳，杨柳轻飏直上重霄九"句里的"杨柳"，字面意思是指杨花柳絮，实际上是指杨开慧、柳直荀二位烈士及其忠魂。作者在这里妙用双关，含蓄而深情地颂扬了二位烈士崇高的革命精神不死。在民歌、民谣、歇后语中运用谐音双关的更多了。常见的歇后语：小葱拌豆腐——一青（清）二白，外甥打灯笼——照舅（旧）。

二是语义双关。利用词语或句子的两种有联系的意义构成的双关。《红楼梦》第八回黛玉奚落宝玉和宝钗的话就属于这一类。宝玉欲饮冷酒，宝钗极力劝阻，说喝冷酒身体受害，于是宝玉"便放下冷的，令人烫来方饮"。看到这番情景，黛玉便借丫鬟给自己送手炉的事一语双关地说道："谁叫你送来的？难为他费心。——哪里就冷死我了呢！"丫鬟进行解释，黛玉便又趁机接下去说道："也亏了你倒听他的话，我平日和你说的，全当耳旁风；怎么他说了你就依，比圣旨还快呢！"这里黛玉表面上是嗔怪丫鬟，实际上是在讽刺宝玉和宝钗。又如《我的伯父鲁迅先生》中有这样一句话："你想，四周围黑洞洞的，还不容易碰壁吗？"句中"黑洞洞"，表面意思是说光线很暗淡，而实际上是指当时社会的黑暗。"碰壁"，表面是说走路碰在墙壁上，而实际是比喻遭受的挫折、打击和迫害。

双关运用得当，能收到一箭双雕、婉转含蓄，耐人寻味的效果。唐宪宗素来很喜爱柳公权的书法，一次闲谈，宪宗问柳公权："你的字为什么写得这样好？"柳公权意味深长地答道："用笔在乎心地，心地正，那么笔法就正。"宪宗的态度本来比较随便，但听了柳公权的回答后，表情立刻变得严肃起来。他默默地想，柳公权表面上是在谈论书法，而他真正的意图是用书法之道规劝我治理国家要心地纯正呵！

运用双关必须意义明朗，不能过于冷僻、晦涩。必须使读者能够根据生活经验，上下文的交代，自然地体会到它的含义。否则，势必造成歧义，引起混乱。

甲骨文

汉字世界上最古老的文主之一，已有 6000 年左右的历史。而今天我们所能认识的最古的汉字当推 3000 多年前的甲骨文。

甲骨文虽说是最古的文字，发现它却还不到 100 年。在很长一段时期里，没有人知道这种刻在龟甲和兽骨上的文字，挖掘出来的甲骨，不是被毁弃，就是被当作"龙骨"卖给药材商。直到 1899 年（光绪二十五年），才有一个姓范的古董商带了一些有字甲骨到北京，给著名的金石学家王懿荣看。王氏鉴定甲骨上的古文字是"三代"古文，便让古董商给他收购，从此，甲骨就进入了"古文物"的行列。

王懿荣不仅第一个发现了甲骨文，而且也是他第一个将其时代断为商代。商代崇尚迷信，凡祭祀、征战、田猎等，常用龟甲兽骨占卜吉凶，并在其上刻写占卜时日、占卜者的名字、所占卜的事情和占卜结果。这种文字发现于殷墟（殷王朝都城遗址，位于河南省安阳市西北），又大都和占卜有关，所以也称为甲骨卜辞或殷墟卜辞。

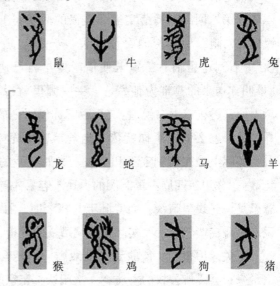

鼠　牛　虎　兔

龙　蛇　马　羊

猴　鸡　狗　猪

甲骨文与汉字对照

研究甲骨文，释字是最重要的基础工作。在早期甲骨研究中，贡献最大的是孙诒让、罗振玉和王国维。1904 年，孙诒让著《契文举例》，对甲骨文加以考释。1928 年后又作了多次发掘，先后出土达 10 余万片，单字总数在 3500 个左右，其中一半以上已可以识别。

这种文字的特点是线条细瘦，多直少曲，结构不定型，象形性强。但文字结构已由独体趋向合体，而且有了带表音成分的形声字，是相当发达的一种文字。现在通行的汉字就是从甲骨文逐步演变而来的。在形体上逐渐由图形变为笔画，构成方块符号，所以一般也把汉字叫作"方块字"。

甲骨文不仅是研究我国古代社会历史和古代文化的珍贵史料，而且还以它丰富的内容和精美的文字著称于世。自从甲骨文发现以后，就引起各国的极大兴趣，成为世界各国博物馆的珍贵藏品。

汉字的造字法——六书

汉字是中国人在长期的生产劳动过程中逐渐创造的。它的造字是有规律可循的。

关于汉字的造字规律，古代有所谓"六书"的说法。"六书"是周代晚期到汉代时人们分析了周代以前的造字的方法而归纳出来的 6 种条例。汉朝许慎在《说文解字》中提到的"六书"是象形、指事、会意、形声、假借和转注。

象形，就是用线条画出物体的形状，使人一看就知道是什么。如：水、日、月、山。这种用象形的方法造字是汉字最早的造字方法。这种造字法的局限性很大。随着社会的发展，一些事物根本无"形"可"象"，于是在象形的基础上，又产生了指事字和会意字。

指事，是在象形的基础上加上简单的指示性符号而创造新字的方法。一般是用一两个抽象符号，或用一个象形符号再加上一个抽象符号来表示一个新的字义。如：上、下、本、末。指事只是一种辅助性的造字法。因为只有极少数的意义才能用指事的方法表示出来，所以汉字里的指事字很少。

会意，是把两个或两个以上的象形符号拼合起来表示一个新字的造字法。如：从、众、休、苗。会意字一般都是合体字。它以象形为基础，但还是满足不了需要，于是就出现了形声字。

形声造字法是用途最广的一种。是一种用两个现成的符号，一个表示意义（形旁），一个表示声音（声旁），合起来表示一个新字的造字法。汉字大部分是形声字，其主要类型有：左形右声：松、情、描。右形左声：领、战、期。上形下声：宇、花、篱。下形上声：想、裘、梨。内形外声：问、辩、闻。外形内声：裹、围、府。

上面6种方式可以概括为左右，上下、内外3种相互关系，其中以左形右声为最普遍。形声有表音成分，因而不同于象形、指事和会意。形声的结构相当简单清楚，直到今天，还可以用形声方法造出许多新字。

此外，"六书"所说的造字法还有假借和转注。假借是借用已有的字来代替要造的字，也就是赋予旧字以新义，成为一个新字的造字方法。如"西"字本是一个会意字，表示鸟在巢上之意，后来有了"栖"，就把"西"字借为表示方向的字了。转注就是两个或两个以上的字，具有同样的形旁，它们的意义可以互相注释。如"老"和"考"；"会"和"合"。

古代的拼音法——反切

中国古代没有拼音字母，只好用汉字来注音。例如说"拾"字应该读"十"字的音。这种注音方法叫做"直音"。直音有很大的局限性：有时候，这个字没有同音字，例如"丢"字，就找不到同音字来注直音；有时候，这个字虽有同音字，但是那些同音字都是生僻的字，注了直音等于不注。

另有一种注音法跟直音很相近似，那就是利用同音不同调的字来注音。例如"刀"字，《康熙字典》注作"到平声"。"刀"是平声字，"到"是去声字，单说"音到"是不准确的，必须把"到"字的声调改变了，才得到"刀"字的音。这种注音方法是进步的，因为可以避免用生僻字注常用字；但是也有缺点，因为需要改变声调，然后才能读出应读的字音。

反切是古代的拼音方法，比起直音法来是有很大的进步。这个方法大约兴于汉末，开始的时候叫做"反"，又叫做"翻"，唐人忌讳"反"字，所以改为"切"字。可以说，反切方法的发明，是汉语音韵学的开始。反切的方法是：对前一个字（反切上字）只取它的声母；对后一个字（反切下字）只取它的韵母和声调，合起来相拼得出的字音，便是这个生字（被切字）的读音。再仿用消去法，消去括号中反切取音时不用的反切上字的韵母和反切下字的声母，用反切下字的声调，得出被切字的读音。例如："草"仓老切 c（ang）+（l）ao = cao。

可见反切得出的字音，用反切上字成"双声"，用反切下字成"叠韵"。如果反切上字只有韵母（元音或半元音）没有声母，叫零声母。因为反切是双拼法，所以反切上字即使是"零声母刀，为了起某种作用，也必须有。"在拼的时候，这个没有声母的反切上字，就作为零看待；表明被切字没有声母，只取反切下字的韵母并用其声调。

古今四声、声母、韵母都有变化，用反切法给现代汉语注音，就不一定合适。现代汉语拼音方案比反切准确、科学，易于掌握，先进多了。不过反切，作为一门古代拼音注字方法，掌握了它，对于我们应用古旧文字工具书，解决文言文中的一些难字生音，学习古典作品，研究古文献资料，还是很有帮助的。

律　诗

律诗与绝句统属近体诗（亦称"今体诗"）。近体诗与古体诗对称。古体诗也叫"古诗"、"古风"，产生较早。每篇句数不拘。有四言、五言、六言、七言、杂言各种体式。后来使用五言、七言者较多，不讲究对仗，平仄和用韵也比较自由。近体诗是唐代形成的，句数、字数、平仄、用韵等都有严格规定。律诗即因其格律严密而得名。

律诗起源于南北朝，成熟于唐初。八句，四韵或五韵。中间两联必须对仗。第二、四、六、八句押韵，首句可押可不押，通常押平声。三、五、七句规定不押韵，末一字必须是仄声。分五言、七言两体，简称五律、七律，亦偶有六律。每首至少十句以上的，称为排律。

"—"表平声，"｜"表仄声，以中古音为准，那时的汉字具有平、上、去、入四声，上、去、入均属仄声。符号外加圈表示可平可仄，△表示押韵的字。律诗体现了汉字分平仄声的语音特点，如果汉字不分平仄声，是不会有律诗的。

七律的基本句型是"四——三"，如"沉舟侧畔——千帆过，病树前头——万木春"。另有常见句型"四——二——一"，如"无边落木——萧萧——下，不尽长江——滚滚——来"，特殊句型"二——五"，如"五更——鼓角更悲壮，三峡——星河影动摇"和"五——二"，如"永夜角声悲——自语，中天月色好——谁看"。

这是粗略的介绍。律诗的格式也不止此一种。有时诗人不依常格而加以变换，即该平不平，该仄不仄，称为"拗体"。前人所谓"拗"，除有时变换第二、四、六字外，着重在七言的第五字（五言的第三字）。两联都拗的叫"拗句格"，通首全拗的称为"拗律"。凡"拗"需用"救"，有拗有救，就不算误用，如上句该平的用仄，下句则该仄的用平，平拗仄救，仄拗平救，以调节音调，使共和谐，称为"拗救"。也有人拗而不救。

对仗是用字数相等、句法相似的语句表示相关或相反的意思。律诗通常要求这两联用对仗，但有时也可以变通。

绝 句

绝句，也叫"绝诗"，又称"截句"、"断句"。诗体的一种。截、断、绝都有短截的意思，因为绝句定格仅为四句，故称之。以五言、七言为主，简称"五绝"、"七绝"，"六绝"少见。

过去有人说，绝诗是截取律诗的一半而成。这话有一定道理，从平仄律上看，就是如此。

律诗有"仄起平受式"和"平起仄受式"两种，各有4种截法，因而五绝和七绝各有8种形式：

一、截取"仄起平受式"律诗中四句而成的五绝或七绝，计有4种截法：

（1）首尾截式，即截取首尾两联——一、二、七、八句组成。

如鲁迅《无题》："烟水寻常事，荒村一钓徒。深宵沉醉起，无处觅菰蒲。"又如王安石的七绝《乌江亭》："百战疲劳壮士哀，中原一败势难回。江东子弟今虽在，肯与君王卷土来。"五律、七律首尾两联（一、二、七、八句）均不对，故此式的五绝和七绝也无对句。

（2）前半截式，即截取前半首一、二、三、四句组成。

如王安石的《题舫子》："爱此江边好，留连至日斜。眠分黄犊草，坐占白鸥沙。"又如他的《半山即事十首之三》："南浦东风二月时，物华撩我有新诗。含风鸭绿鳞鳞起，弄日鹅黄袅袅垂。"五律、七律三、四两句为对句，故此式三、四两句为对句。

（3）后半截式，即截取后半首五、六、七、八句组成。

如鲁迅的《题〈彷徨〉》："寂寞新文苑，平安旧战场。两间余一卒，荷戟独彷徨。"又如他的《无题》："血沃中原肥劲草，寒凝大地发春华。英雄多故谋夫病，泪洒崇陵噪暮鸦。"依五律、七律，前两句为对句。

（4）当中截式，即截取中间两联三、四、五、六句组成。如王之涣的《登鹳雀楼》："白日依山尽，黄河入海流。欲穷千里目，更上一层楼。"又如王安石的《绝句之九》："木末北山烟冉冉，草根南涧水泠泠。缲成白雪桑重绿，割尽黄云稻正青。"依五律、七律，前两句和后两句均为对句。

（二）截取"平起仄受式"，格式与（一）同。

唐代律诗形成以前，已有绝句，虽然也押韵，但平仄却较为自由。因此，人们称唐代通行的绝句为近体绝句，以别于古绝句。

词与词牌

就体裁而言，词是广义的诗歌的一种。古代的词，都合乐歌唱，所以唐、五代时多称为曲、杂曲或曲子词。由于词的句子长短不一，属杂言体，所以又有长短句的别称。

实际上，词也有齐言（七言），并不都是长短句，而句有长短的诗，也不能叫词。词配乐，《诗经》的诗也配乐，汉魏的乐府诗也配乐，所以也不能说配乐的诗就是词。词所配的乐与《诗经》、乐府所配的乐不同，它是以琵琶为主要乐器的一种新兴音乐，称为"燕乐"（"燕"与"宴"通）。"燕乐"传入中原后，也受到民间音乐的影响，但其主体是自外传入的"胡乐"，旋律比较复杂。这样，原来整齐的五言、七言的诗，就只能与一部分乐曲相配，而与那些大量结构参差的乐曲，就很难相配，于是依照乐曲的节拍而填制长短句的"词"应运而生。词从一开始就是齐言、杂言同步发展的。它要求不同的句数，每句又有不同字数与平仄，用韵上也很严格，用什么韵与何处用韵，都由乐谱规定。据此，倒是"曲子词"这个名词清楚地说明了词体的性质，表明了词与曲的关系。之所以又称为"曲"或"杂曲"，是单就音乐而言。

词的名称，历史上还有称为"乐府"的，如苏东坡词最早的刻本就叫《东坡乐府》。又有称为"乐章"的，如柳永的词集称《柳公乐章五本》。还有"琴趣"（如《山谷琴趣三卷》）、"语业"（如《西樵语业一卷》）、"歌曲"（如《临川先生歌曲一卷》）、"别调"（如《后村别调一卷》）等异名。此外，宋人还有称词为"诗余"的，一般认为这是把词作为诗的余绪，这种说法并不确切，但这种称呼却是存在的。

词体萌芽于南朝，形成于唐代，盛行于宋代，从"一代文学"的角度看，宋词代表了宋代文学的主要成就。

所谓词牌，本是填词用的曲调名。最初，词都是配合音乐来歌唱的，有的按词制调，有的依调填词，曲调的名称就是词牌，一般根据词的内容而定。如姜白石的自度曲《扬州慢》，就是抒发作者对劫后扬州的黍离之悲的。后来，主要是依调填词，曲调名称和词的内容不一定联系，而且大多数词都已不再配乐歌唱，所以各个调名只作为文字、音韵结构的定式，即所谓"调有定句，句有定字，字有定声"。

有些词牌，正名之外另标异名，如《念奴娇》是本名，《百字令》《大江东去》《酹江月》等为其别名。又有"调异名同"的，即数调同名，如《菩萨蛮》又名《子夜歌》，而另外还有《子夜歌》正调，与作为《菩萨蛮》别名的《子夜歌》完全不同。还有"调异句同"的，如《解红》《赤枣子》《捣练子》三调，均为五句。两句三字，三句七字，共二十七字，均押平声韵，但其平仄却不尽相同，不能视为同调。此外，还有"一调数体"即"调同句异"的现象，如《念奴娇》，在《词律》中把辛弃疾的"书东流村壁"作为"《念奴娇》正格"，列在前头，而把苏东坡的"大江东去"作为"别格（异体）"，列在后面。

词调还根据字数的多少，分为小令、中调、长调，《填词名牌》规定："五十八字以内为小令，五十九字至九十字为中调，九十一字以外为长调。"

又如《汉语诗律学》分为两类：“第一类是六十二字以内的小令”，“第二类是六十三字以外的慢词。”

又因分段的关系，还有单调、双调、三叠、四叠的区别。词的一段叫一片或阕，不分段的叫单调，如《如梦令》，前后两片的是双调，如《念奴娇》，两片之间空一字。三叠印分 3 段，如《兰陵王》。四叠即分为 4 段，只有《莺啼序》、《胜州令》二调。双调最常见，通常上、下片字数相等或相近，平仄也大致相同。上、下片字数、平仄不尽相同的，下片的头一句叫“换头”或“过遍”（“过片”）。

词调因音乐节拍不同而分为令、引、近、慢四类。它们和字数多少无必然联系，但在字数上仍有大致的区别。即：令词一般字数较少，近词和引词一般都长于小令而较慢词为短。慢词大多是长调，如《卜算子慢》，是慢词中最短的，还有 89 字。这只是大略而言，并不是绝对的。以令词来说，《胜州令》就有四叠，长达 215 字。

有时调名以下写出词题或小序。如毛泽东的二首《沁园春》，一标“长沙”，一标“雪”，这就是词题，表示分别咏“长沙”和“雪”的。

曲和曲牌

古人说：“三百篇后变而为诗，诗变而为词，词变而为曲。诗盛于唐，词盛于宋，曲盛于元之北。北曲不谐于南而始有南曲。南曲则大备于明。”

曲与词有渊源关系，词变而为曲与时代和地域有关。词是配燕乐的歌词，到了南宋，尤其是到了元代，“胡乐”在北方兴起，曲是与这种新兴的“胡乐”相配的，旧的词已不能适应新的曲，只好“更造新声”。“北曲不谐南”，于是乃有北曲、南曲之分，可见曲的地方性是鲜明的。

曲与词在历史上往往相混，如唐代人把词叫做曲，而元人所谓的词，又是后代人所指的曲。宋人称词为乐府，元人又把曲称作乐府，因宋词元曲实际上都是乐府歌词。还有人以为词是诗之余，曲又是词之余，把曲称为“词余”。

《汉语诗律学》是这样区分曲与词的：

（1）词的字句有一定；曲的字数没有一定，甚至在有些曲调里，增句也是可以的。

（2）词韵大致依照诗韵，曲韵则另立韵部（分为十九部）。

（3）词有平、上、去、入四声；北曲则取消入声，归入平、上、去三声。

其实，（1）中"词的字句有一定"的说法并不确切，宋词的用衬字少，很少用3个以上的，元曲的衬字却相当多，有时甚至多于正文，"词同体异"的变化相差不甚悬殊，"曲同体异"的字数和句数往往差别很大。

另外，曲除"带过曲"或个别曲子外，一般为单调，与词分单调、双调、三叠、四叠也不同，而且在语言上，曲比词更口语化。

曲有带过曲，即作者填完一调，意犹未尽，就再选一两个宫调相同而音律恰能衔接的曲调继续填写（中间空一字），并在曲调上标明"×××带过（带、过、兼）×××"，如《雁儿落过得胜令》。

远在南北朝时，北方乐府与南方乐府就大不一样。到了元代，曲也分为南曲、北曲。所谓南曲，即大江以南的音调；北曲即中州的音调。我们所说的元曲，指的是北曲。

北曲有十二宫调，南曲有九宫十三调，不同宫调表现不同的声情，北曲字较多，节拍较缓，南曲相反；北曲板拍的缓急，变动不拘，常有一字而下三、四板的，南曲则每宫每支都有一定格式；北曲衬字多，南曲衬字少；北曲用七音阶（凡、工、尺、上、乙、四、合），无入声字，南曲用三音节（少、凡、乙），有入声字；北曲早期演出以鼓、笛、拍为伴奏乐器，后来则以弦乐器伴奏为主，南曲则以箫笛伴奏；在风格上，北曲豪放，南曲柔婉。

曲牌即是曲调的名称。《中原音韵》统计，元代北曲共335个曲调，亦即有335个曲牌。北曲曲调，有的跟词调的名称、句数、字数、平仄完全相同，如《秦楼月》《忆王孙》《念奴娇》（与词调上片相同）等；有的曲调虽与词调调名相同，格律上却不同，以《捣练子》为例，作为词调是单调，二十七字、五句、三平韵，作为曲调，则为二十字，四句，四平韵。而元曲中有许多曲调，与词调完全不同，是新创的，如《山坡羊》《耍孩儿》等。

曲调在选用上与词调也不同，它要受一定的限制，如《山坡羊》只能用于小令，有的如［正宫］《端正好》、《滚绣球》不能用于小令。曲的小令指一首单调的曲文，与诗的一首、词的一阕相当。

有的曲调调名相同，但却属于不同的宫调，如［正宫］《端正好》与［仙吕］《端正好》，应视为两个不同的曲调。

竹林七贤

魏晋间，嵇康、阮籍、山涛、向秀、阮咸、王戎、刘伶七人"相与友善，游于竹林，号为七贤。"

公元241~249年以来，魏齐王曹芳在位。此时，曹氏宗室势力日微，大权渐落到司马氏手中。司马氏为了巩固、扩大自己的势力，一面大肆诛戮曹氏王室，一面屠杀倾向曹氏集团的文人，造成了极端恐怖、黑暗的政治局面。曹芳当时的年号为"正始"，正始作家就以"竹林七贤"为代表，其中以阮籍、嵇康的成就为最高。

"竹林七贤"浮雕

阮籍（公元210~263），字嗣宗，陈留尉氏（今河南开封）人。因为当过步兵校尉，人称"阮步兵"。阮籍崇尚老庄哲学，蔑弃礼教，行为佯狂放诞，对当时的现实极为不满。他曾用沉醉六十日的方法逃避司马昭的联姻要求，以醋醉对付司马师兄弟所宠信的钟会对他的陷害。他平时"发言玄远，口不臧否人物"，终于保全了自己，幸免于难。他留下来的作品主要是82首五言《咏怀诗》。诗的内容主要是写他对现实的不满和忧生的嗟叹，多用比兴，托意深远。对虚伪的礼教表示了极大的厌恶，对统治者的荒淫腐朽也有所揭露。

嵇康（公元223～262），字叔夜，谯国铚（今安徽宿县西）人。少孤，有奇才，美词气。与魏宗室联姻，拜中散大夫，人称"嵇中散"。他与阮籍一样，崇尚老庄哲学，蔑弃礼教。不过，嵇康性情刚直，锋芒外露，公开发表"非汤武而薄周孔"的言论，直接与司马氏集团对抗，终于被司马昭以"乱群惑众"的罪名杀害。他主要的文学成就是散文，鲁迅辑有《嵇康集》，较为完善。

山涛（公元205～283）也是河南人，字巨源。在崇尚老庄哲学方面，与阮、嵇同道。他与司马懿有亲戚关系，见到懿与曹爽争权，就隐居不问世事，司马师继位时才出仕做官。做官后，又欲拉嵇康出来，嵇康就跟他绝了交往。

向秀（约公元227～272）也是河南人，字子期。曾为《庄子》作注，未成而卒。他的《思旧赋》情辞沉痛，很有名。

阮咸是阮籍的侄子，并称"大小阮"。善弹琵琶。历官散骑侍郎，补始平太守。也是一个不拘旧礼法的文人。

王戎（公元234～305）是山东人，字溶冲。善清谈，但极悭吝。他广收八方园田，积钱无数，常自执牙筹，昼夜计算。当时人都讥讽他。

刘伶与嵇康都是安徽人，字伯伦。晋武帝时答对朝廷策问，强调无为而治，以无能罢免。他好饮酒，作《酒德颂》，对礼法表示蔑视。曾有一件这样的事：一次客来见他，他不穿衣服。人家责问他。他答道：天地是我的房屋，房屋就是我的衣服，你们为什么钻进我的裤子中来？怪诞行为，可见一斑。直到今天，名酒还有以刘伶命名的。

初唐四杰

"初唐四杰"指王勃、杨炯、卢照邻、骆宾王，又称"王杨卢骆"。杜甫《戏为六绝句》中写道：王杨卢骆当时体，轻薄为文哂未休。尔曹身与名俱灭，不废江河万古流。

诗中驳斥了一些人对"四杰"的责难，充分肯定了他们的历史功绩。

王勃，字子安，绛州龙门（今山西河津）人。约生于公元650年（一说为647），死于676年。他是一个天才。传说他6岁就"善文辞"，9岁时见到《汉书》颜师古注，即作《指瑕》，批评颜的缺失。公元664年，刘祥道"表于朝，对策高第"。年未及冠，授朝散郎。曾任虢州参军。后来往海南探亲，坐船时受惊而死。

他路过江西时，正赶上都督府大宴宾客于滕王阁，本来已暗中定好由都督的女婿作序，以向宾客夸耀，因此"纸笔遍请，客莫敢当"。到了王勃，竟然不辞。都督生气，就借口上厕所避开了，让下吏将写文章的情况不时汇报，当写到"落霞与孤鹜齐飞，秋水共长天一色"时，都督惊叹道："天才啊！"就请王勃写成，尽欢而散。这就是有名的《滕王阁序》。

又相传他作文不精思，先磨墨数升后，就盖上被子睡觉，忽然起身写来，写成不易一字。当时人称为"腹稿"。

他的诗以五言为多，且多为成熟的律体。其诗偏于描写个人生活，亦有少数抒发政治感慨，隐含对豪门世族的不满，风格较为清新，只是有些诗篇失于华艳。他的《送杜少府之任蜀川》是一首五律名作。写友谊，注重人格平等，话离别，既一往情深，又心胸开阔，是初唐送别诗的一朵奇葩。

王勃寿促而才高，在当时文坛上曾产生过很大的影响。

杨炯，弘农华阴（今陕西华阴）人。生于公元650年，约死于693年以后。10岁时应神童举，授校书郎，终官盈川（今浙江衢县附近）令。杨炯的诗与文成就并不相等。他的五言律诗体制精美，气势宏放，王、卢、骆所不及。而杨炯的文，则情真不如卢照邻，词采不如王勃，七言歌行，亦不如卢、骆。五言律诗是他所擅长的，其边塞诗气势更佳。

卢照邻，字升之，幽州范阳（今北京附近）人。约生于公元635年，约死于689年。主要活动在高宗、武则天两朝。曾任新都尉，后为风痹症（足挛，一手残废）所困，虽曾求医于孙思邈，亦不得治。绝望之余，在颍水之滨预筑墓穴，偃卧其中。最后竟投水而死。他一生坎坷，思想上与统治集团不合拍："高宗时尚吏，己独儒，武后尚法，己独黄老，后封嵩山，屡聘贤士，己已废。"

他的散文和诗皆有较大成就和影响。其《五悲文》、《释疾文》，以骚体的形式抒写自己一生的不幸遭遇，感情真挚，深刻动人。其诗以《长安古意》最为著名，显示了唐代七言歌行中的新气象。

骆宾王，婺州义乌（今浙江义乌）人。生卒年不详。7 岁能诗。一生职位不高，且屡经坎坷。曾任侍御史，因事贬临海丞。他一生中的大事是于公元 684 年参与徐敬业在扬州发动讨伐武则天的战争，并为徐写下了《讨武曌檄》。连被骂的武则天见了，都发出了"宰相安得失此人"的感叹。兵败后，他下落不明，或说被杀，或说为僧。他的诗和卢照邻一样，主要成就在于七言歌行。《畴昔篇》长达 1200 字，是罕见的宏篇巨制。五言律诗《在狱咏蝉》向为选家瞩目。

唐宋八大家

唐宋八大家，指唐、宋两代 8 个散文作家，有唐代的韩愈、柳宗元（并称"韩柳"）和宋代的欧阳修、苏洵、苏轼、苏辙（并称"三苏"）、王安石、曾巩。明代初年，朱右选韩、柳、欧阳等人之文为《八先生文集》，"八家"之名，即始于此。明中叶唐顺之所纂《文编》，唐宋文亦仅取"八家"。稍后，茅坤本朱、唐之说，选辑"八家"的作品为《唐宋八大家文钞》，其书颇为流行，"唐宋八大家"之名亦广为传诵。

安史之乱给唐王朝以沉重的打击，德宗、宪宗两朝出现了某种转机，有识之士以为中兴有望，致力于改革者不乏其人。政治上有"永贞革新"，诗坛上有白居易的"新乐府运动"，散文领域则有韩、柳倡导的"古文运动"。

韩愈的古文写作理论，一是"文以载道"，其"道"的含义除儒家伦理外，还包含"物不得其平则鸣"的因素，二是反对"骈四骊六"，提倡单行散句的先秦两汉散文，尤为注重"词必己出"和"文从字顺"。

他的说理文感情充沛，态度鲜明。《原毁》《师说》《进学解》都是脍炙人口的佳作。他的叙事文成就更高，影响也更大。《柳子厚墓志铭》文情并茂，卓绝一代。

他的散文成就是多方面的。他把单行散句的散文由文学扩展到一切应用文领域，与骈体文形成全面对抗的形势，开创一代文风，其功不可泯。

柳宗元散文的第一项成就是寓言小品，《三戒》是广为传颂的名篇，妇孺皆知。他的山水游记也有较高成就，其中《永州八记》最为著名。他的记叙文多是有感而发的，如《捕蛇者说》就是感于"赋敛之毒有甚于是蛇"而写。在《童区寄传》中，他把同情放在区寄一边，将他写成反抗强暴的英雄，已被搬上了荧屏。他的说理文也很精彩，《封建论》、《天说》等都是具有深刻意义的篇章。

欧阳修的散文。诗、词均有特色，但词不如诗，诗不如文。他的散文政治倾向性强，《与高司谏书》是其代表作。

景祐三年（公元1036年），范仲淹言事触怒宰相吕夷简。吕夷简以"越职言事，荐引朋党，离间君臣"为名，贬范到饶州。右司谏高若讷依附吕夷简，诋诮范仲淹。欧阳修写信给高，痛斥他"不复知人间有羞耻事"。全文大义凛然，痛诋范仲淹的反对派。揭露高若讷以"三疑而后决"，断定高若讷"非君子也"。行文曲折条畅，义正词严，咄咄逼人。高见信后恼羞成怒，上报宰相和仁宗，欧阳修因此被贬为夷陵令。

他的散文还具有深刻的哲理性。如《伶官传序》提出的"忧劳可以兴国，逸豫可以亡身"，"祸患常积于忽微，而智勇多困于所溺"等见解，不仅对帝王，对"庶人"也有警戒意义。

浓郁的抒情性是欧阳修散文的另一特色。《醉翁亭记》围绕"乐"字写景叙事，在叙事写景中抒情。全文用说明句，而句式结构多变，于不变中求变，层层递进，渐入佳境。是我国散文史上不可多得的佳作。

欧阳修还是一个老字辈，"三苏"、王安石、曾巩均出其门下。

"三苏"指北宋散文家苏洵（字明允，号老泉）和他的儿子苏轼（字子瞻，号东坡居士）、苏辙（字子由）。宋仁宗嘉定初年，苏洵和苏轼、苏辙父子三人都到了东京（今河南开封市）。由于欧阳修的赏识和推誉，他们的文章很快著名于世。士大夫争相传诵，一时学者竞相仿效。宋人王辟之《渑水燕谈录·才识》记载："苏氏文章擅天下，目其文曰三苏。盖洵为老苏、轼为大苏、辙为小也。""三苏"的称号即由此而来。苏氏父子积极参加和推进了欧阳修倡导的古文运动，他们在散文创作上都取得了很高的成就，俱被列入"唐宋八大家"。三苏之中，苏洵和苏辙主要以散文著称；苏轼则不但在散文创作上成果甚丰，而且在诗、词、书、画等各个领域中都有重要地位。

被列宁称之为"11世纪中国的改革家"的王安石，虽在政治上失败了，但他那种"天变不足畏，祖宗不足法，人言不足恤"的改革精神，对后代改革者具有深刻的启示作用。

他的散文以拗折峭劲著称。峭劲的代表作是《答司马谏议书》，简峭强劲，英气逼人。《读〈孟尝君传〉》是拗折的范例，很有气势。

游记散文《游褒禅山记》将叙述与哲理融合为一体。身在山中，神游象外，不畏艰阻、百折不挠的精神，于行文中灼灼可见。

王安石的文章充满了英气、锐气、正气，是一大特色。

曾巩为王安石所推许。散文以平易见长。有些文章对当时在位者的因循苟且表示不满，主张在"合乎先王之意"的前提下对"法制度数"进行一些改易更革。在"唐宋八大家"中，其成就不如另外几个人。

民间四大传说

我国蕴藏着极为丰富的民间传说，其中牛郎织女、孟姜女寻夫、梁山伯与祝英台、白蛇与许仙4个传说流传最广，影响最大，称为中国民间的四大传说。牛郎织女的传说始于《诗经·大东》，在曹植的《洛神赋》中确立了两者的夫妻关系；干宝的《搜神记》中增加了"天鹅处女型"的神话，最后形成了牛郎织女的传说。孟姜一词最早出现在《诗经》中，"哭夫"的故事则始于《左传》、《孟子》等书，最后在秦始皇时期发展成熟。这四大传说中，形成最晚的要算白蛇、许仙的传说，它产生于宋代之后。

四大名著

第一个将通俗小说排名的是金圣叹，按他的说法他当时计划评点6部才子书，《庄子》、《离骚》、《史记》、《杜甫诗》、《水浒传》和《西厢记》。后清康熙年间毛宗岗父子委托金圣叹之名将修订的三国命名为《第一才子书——三国演义》。那时有"明代四大奇书"——罗贯中的《三国演义》、施耐庵的《水浒传》、吴成恩的《西游记》和兰陵笑笑生的《金瓶梅》的说法。

　　根据考证，"四大奇书"的说法应在明末清初就确立了。李渔曾在为醉田堂刊本《三国志演义》作序称："冯梦龙亦有四大奇书之目，曰三国也，水浒也，西游与金瓶梅也。"可见，至晚明冯梦龙已经有"四大奇书"的提法了。但无论怎样，"四大奇书"这一提法是"四大名著"的最初提法，这一点应该确定，只不过清代《红楼梦》的出现，其被公认为是中国古典小说的最高峰，地位取代了《金瓶梅》，才形成了今天四大名著的说法。四大名著不是某个人定下来的，而是被广大读者所公认而在历史上形成的名称，四大名著对往后的文学发展有了很大的贡献。

　　四大名著代表了中国古典小说的4个方面：《三国演义》是历史演义小说的典范，《水浒传》是英雄侠义小说的典范，《西游记》是神话魔怪小说的典范，《红楼梦》是世情爱情小说的典范。四大名著其实代表了皇权、暴力权、神权和贵族权。

　　四大名著是中国乃至全人类共同拥有的宝贵文化遗产，在整个华人世界中有着深远的影响。研读中国四大名著，是浏览中国古典文学的智能之海，也是阅历中国传统人文、社会、伦理、历史、地理、民俗、心理、处事策略的知识之库，可以说它们就是封建社会的样板戏。

书画、音乐、戏曲

真、行、草、隶、篆

汉字在形成和发展的过程中，先后出现过5种主要字体，即人们俗称的：真、行、草、隶、篆。这5种字体，在中国书法史上都占有着重要的位置。

真书，又称正书，也称正楷、楷书。在真、行、草、隶、篆5种字体中，真书是产生最迟的一种，直至今天人们仍在使用它。真书的出现，是在汉代隶书和草书使用阶段开始产生的。它的优点：一是方便书写，简省改变了隶书的波磔，二是匡正了草书的无固定标准，结构不严密的弱点。总之，真书在汉代末期出现时，就逐步舍弃了篆书与隶书的环转笔势。它的形体方正，笔画平直，易认易识，为人们所乐于接受，就成了书写的楷模，所以又称做楷书。由于真书的应用范围广泛，书写时可大可小，又有小楷、中楷、大楷、榜书等不同的功用和称呼。

行书，是一种处在真书和草书之间的字体，它比真书书写起来迅速，比草书字体容易认识，在日常应用和书法活动中被大量使用。在行书当中，按照它的书写形态区分，偏于楷法的称为"行楷"，草法采用多的则称为"行草"。

草书，是人们在书写实践中为了追求方便、快捷而创造出来的，以后在书法艺术活动中，为历代书法家所重视，得到不断的发展。草书是伴随着隶书同时出现的，约产生在秦、汉两代相交的阶段，称为"草隶"，就是书写潦草的隶书。以后又由"草隶"发展到字形较为成熟的每字独立不相连的"章草"。相传在汉末时，书法家张芝又把"章草"字的隶书笔意舍弃，采取偏傍相互借用，书写时使上下字之间的笔势牵连相通，创造成了至今仍在流行的"今草"。俗称的草书，一般就指"今草"这种字体。唐代的书法家张旭与怀素在写"今草"的过程中，更把草字加以放纵，书写时笔势连绵，一笔写出连带的数字，字形的大小偏正变化多样，又形成了"狂草"。

隶书，是从篆书演变而来的一种字体。它简化了篆书的繁难字形，又把篆书的圆转笔画变为接近方折，在字形的结构上完成了由象形性变为笔画性的演化，书写时比篆书方便，为以后真书的发展打下了基础。隶书的出现是在战国末期，早期的隶书还存有篆书的形迹，发展到东汉时已完全成熟，并被广泛使用。隋、唐以前把隶书称为正书，唐代有"今隶"字体，指的是真书。

篆书，一般指的是包括大篆与小篆两种字体。大篆是早期的篆书，又称籀书，主要是指青铜器和石鼓上的古文字。大篆宽泛的涵义连甲骨文字也算在其间，可知大篆是一种字形并不一致的字体。小篆，又称"秦篆"，是秦始皇统一中国后推行统一文字的结果。秦代是以小篆作为正字使用的，它结束了秦以前文字混乱的局面，汉字的规范性也是自小篆出现后开始的。

永字八法

凡是初学书法的人，都先要练好基本笔画。"永字八法"就是古人以"永"字8笔为例，阐述正楷点画用笔的方法。据说这是东晋书法家王羲之所创，智永和尚广为传播的。

智永是南北朝时的陈朝人，王羲之的七世孙。他在山阴（今绍兴）永欣寺做和尚时，继承祖法，苦练习字。30年间，写秃的毛笔竟装满5个大竹筐。他临了800多本《真草千字文》，分送给各寺院，从此，智永书法远近闻名。人们争相前来索求墨宝，再加前来请他写匾额的人，多得象集市一样，智永住房的门槛也被踏坏了，只好用铁皮包起来，人称"铁门槛"。后来，智永把那些秃笔埋起来，称它为"退笔冢"，还亲自为它写了铭文。

隋朝初年的一天，智永正在永欣寺专心致志地写字，这时一位老人带着一个六七岁的孩子来到寺内，向智永求教。智永把已写好的一幅字送给他们，可他们仍不肯离去，说："请师父教给写法……"智永沉思了一会儿，在纸上写了一个正楷的"永"字，说："你们看这个字，共有八笔，横、竖、撇、点、捺、挑、钩、折，构成汉字的 8 种主要笔画，在'永'字上都具备。写这 8 种笔画的基本要求是：'点'要侧锋峻落，铺毫行笔，势足收锋；'横'要逆锋落纸，缓去急回，不应顺锋平过；'竖'不宜过直，

永字八法

太挺直则木僵无力，要直中见曲；'钩'要驻锋提笔，突然趯起，其力才集中在笔尖；'挑'用力在发笔，得力在画末；'撇'起笔同直画，出锋要稍肥，力要送到，如一往不收，易犯飘荡不稳的毛病；短撇落笔左出，要快而峻利；'捺'要逆锋轻落笔；'折'锋铺毫缓行，至末收锋，重在含蓄。要把这些基本功练扎实才行啊！"老人和孩子高高兴兴地记住智永讲的八法，拿着智永写的"永"字，回家后苦苦练习，果然大有长进。他们逢人就讲智永和尚的"永字八法"。就这样将王氏世代相传的秘法公诸于世，传扬天下。

后来人们也将"八法"两字引申为"书法"的代称。

颜筋柳骨

颜筋柳骨，是品评楷书书法的术语，最先提出这种说法的是北宋的范仲淹，他说同时代人石曼卿的书法是"延年（即石曼卿）之笔，颜筋柳骨"。"颜"指颜真卿，"柳"指柳公权，颜、柳都是唐代的以楷书著称的大书法家。

颜真卿生于公元 709 年，经历过多年的官场生活，为人正直，不惧权势，76 岁时被叛乱的地方官杀害。因此，颜真卿的人品和书法同样受人尊崇。颜真卿的书法，不沿习唐代初期的风气，他革故鼎新而自成新的面貌，他的楷书刚柔结合而以丰筋为胜，笔遒筋健，韧而富于弹性，结构端庄大气，点画之中具有内在功力，具有一种浑厚雄伟的美。颜真卿的楷书碑刻《多宝塔碑》和《颜勤礼碑》等是他的代表作。

柳公权生活于公元 778 ~ 865 年，晚于颜真卿。他的楷书最初是学王羲之风格的，后来又学颜真卿和唐代另一书法家欧阳洵，形成了骨力遒健、结构劲紧、点画瘦硬的风格。当时，柳公权的楷书名气很大，许多王公大臣家以求到他写碑

颜真卿《多宝塔碑》

志为荣耀。柳公权学习颜真卿的楷书，引"筋"入"骨"，而以骨力为胜，他的字体势劲媚，方圆兼施，刚劲中却含秀润，严谨之中具有生动，充分表现字的骨力之美。柳公权的楷书代表作有《玄秘塔碑》和《神策军碑》等碑刻。

筋与骨都是讲笔画运转能凝聚着坚定的笔力。颜真卿的楷书与柳公权的相比，虽然都具有力的美，但颜书的浑厚，点画之间虽然宽容，却不涣散，柳书清瘦秀淡，在隽丽之中呈现着雄健，所以都能给人以强烈的吸引力。千百年来，人们称颂"颜筋柳骨"，学习颜、柳楷书的人，经久不息，

正是为他们书法作品中的坚劲、厚实、雄壮的风格所吸引。

颠张醉素

"颠张醉素"，是对唐代两位狂草书法家张旭和怀素的并称。草书自从在汉代开始形成以后，发展到唐代时进入了一个辉煌的阶段，有一大批书法家是习书过狂草的，其中成就最高，影响深远的就是"颠张醉素"。

张旭，字伯高，吴（今苏州）人，生卒年不详，大约活动于唐开元、天宝年间。官金吾长史，人称"张长史"。张旭以狂草书法最为出名，但他

柳公权《玄秘塔碑》

认真习过楷书，至今留传有《郎官石记》楷书碑拓，楷书的精妙对张旭狂草的形成有着奠基的作用。唐代写草书者中，最先写出新风格的人是张旭，他的狂草被晚唐文学家韩愈赞为："喜怒、窘穷、忧悲、愉佚、怨恨、思慕、酣醉、无聊、不平，有动于心，必于草书焉发之。"张旭的狂草书法是把他的心情熔于字的，笔下逸势奇状，连绵回绕，起伏迅捷，神采飞扬，线条周旋，呼应其间。张旭的狂草，在唐代与李白的诗歌、裴旻的剑舞被称作"三绝"。张旭曾向颜真卿传授笔法，颜真卿对张旭草书的评价认为："张长史姿性颠逸，超绝古今。"因此被称之为"张颠"。

怀素，是继张旭之后唐代又一位著名的狂草书法家，他是湖南人，少年时就做了和尚，自幼酷爱书法。怀素学习书法曾经历过刻苦的钻研，以后为了求得狂草的进步，离开湖南，到河南洛阳和陕西西安寻师求友。怀

素好饮酒，酒后兴到运笔，字如骤雨旋风，飞动圆转，字多变化，不失笔法。当时人许瑶在观赏了怀素的狂草作品后，赋诗称赞他是"醉来信手两三行，醒后却书书不得。"所以，后来人们又把怀素称为"醉素"。

唐代诗人有许多作品赞咏过张旭和怀素的狂草书法。高适在诗中描写张旭时说："兴来书自圣，醉后语犹颠。"李欣赠张旭的诗句有："兴来洒素壁，挥笔如流星。"苏涣咏怀素草书歌中描写过："兴来走笔如旋风，醉后耳热心更凶。"这些唐诗对于张旭和怀素草书的创作状态都进行过描绘，对后来的影响也不小，人们就以"颠张醉素"作为两人的并称。

山水画

山水画在中国画坛上有着悠久的传统，有着漫长的发展历程。成为中国画的一门独立的画科以后，其中又分为青绿、水墨、金碧、浅绛、没骨、界画等多种画法。

顾名思义，山水画就是以描绘山川自然景物为题材的绘画，但是中国的山水画不同于西方的风景画，它并非直接照搬自然景物入画，而是从审美的艺术角度上讲究经营位置和表达意境。中国画上描绘山水景物，形成于魏、晋时期，但那时主要是作为人物画的陪衬形式出现；隋、唐时期逐渐日趋成熟；五代、宋、元时期的山水画技法才真的走向技法熟练、风格多样的发展道路。明与清代初期的山水画则偏重复古，随之而有一些具有革新精神的画家与之抗衡。近代与现代的山水画在继承前人和不断创新中又得到了很大发展。

现存最早的山水画作品，是隋代展子虔的《游春图》。这幅作品的景物构图与比例关系都已大致符合视觉效果，对山水画的发展具有开创先河的作用。唐代的山水画创作与其他门类的艺术同步，具有很大进展，产生了李思训与吴道子等杰出的画家。李氏山水画作品，多以笔墨勾勒山石树木，笔法刚劲有力，在画面上使用青绿颜料着色，史称"青绿山水"。李氏的山水画技法，对于宋代的一些画家影响极大。吴道子除了以人物画著称外，在山水画上也有独立的建树，一直为人所称道。唐代另一名山水画大家是诗人王维，他的作品具有诗画意境结合的妙处，特别以水墨山水画见长。

　　五代时期的山水画，在这门画科的发展史上有着承先启后的作用，产生了像荆浩、关仝、董源等超迈前人的画家，他们的作品一直影响着后来山水画的发展。荆浩、关仝两人多以水墨画法来表现北方的山水，画面气势雄伟。董源擅于水墨和浅色山水画，所作多为描绘江南山青水秀景色的画幅。北宋与南宋的山水画家由于受到唐、五代画家的影响，山水画也得到很大发展。北宋的画家巨然、李成、范宽、郭熙等人所作的山水画，多为山川高耸，境域辽阔的全景图。米芾父子和南宋代表画家刘松年、李唐、马远、夏珪等的作品以江南秀丽的山水为主。元代山水画由于社会、时代的关系，画家们的作品最为突出的特点是向水墨写意画方向发展。当时的画家大多不满异族的统治，去向自然山水中寻感受，产生了黄公望、王蒙、倪瓒、吴镇等名噪画坛的人物。这几位画家的山水画，各具特色：黄公望

董源山水画

的作品以富春江山色为主要题材，着色浅绛，草木华润，峰峦浑厚，王蒙、倪瓒的作品，都以构图别致、笔墨简练为著。早于这几位的元代初期的画家赵孟頫的山水画，则把书法艺术的笔墨韵味汇入了画法。

　　明代的山水画家有独创精神的很少，董其昌更是山水画复古派的代表，影响到清代初期的部分山水画家也从前人画幅上讨生活，强求接近古人。清代有创新风格的山水画家是"四僧"，即4位和尚：渐江、石豁、八大山人和石涛。在他们之后又有"扬州画派"中的金农等人。他们主张从自然中寻求画材、画法，反对陈陈

相因，强调个性解放，对于后来山水画的发展产生过积极的影响。

在近代山水画家中影响最大的要数黄宾虹。他重视写生，同时又注意吸取前人的画法加以改造，从而使山水画又从清末复古的倾向里走出来。此外，齐白石、徐悲鸿、张大千等人也都对山水画的发展有所贡献。新中国成立以后，山水画的流派和风格都呈现出多姿多样的局面，在中华大地的东西南北各地，活跃着擅长泼彩泼墨的刘海粟，精于焦墨勾勒的张仃，墨彩挥洒淋漓的李可染，以及立意创新的潘天寿、傅抱石、石鲁、陈子庄等人，他们的作品不论是长卷巨幅还是即景小品，都有着浓厚的时代气息。

水墨画

在中国画众多的门类品种中，有一种不施色彩，纯用水墨绘成的画，因为它不同于设色的彩画，被称作水墨画。据传说，这一种画法产生于唐代，到了宋代时趋于成熟，在元代时大大兴盛起来，明、清时代盛行不衰，直至近、现代仍然在发展。

唐代水墨画的作品，今已无存，但当时的诗人对这种画法有过描写。欧阳炯的《贯休应梦罗汉画歌》中称道"天教水墨画罗汉"，可以想见出这种水墨画作品的酣畅意境。宋代的水墨画也具有很大影响，以致有的诗人在观赏自然风光时，也以水墨画的意境来加以描写，范成大在《虎牙滩》诗中就曾形容"倾崖溜雨色，惨淡水墨画"。

水墨画使用的材料虽然极其

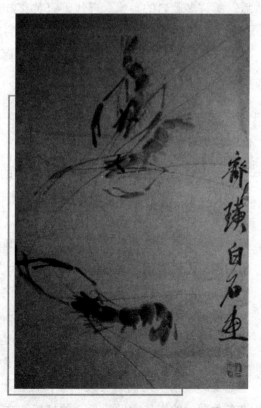

齐白石的水墨虾子

简单，但它的技法却在发展过程要求越来越高。当这种画在唐代刚一出现时，就有人加以总结，张彦远的《历代名画记》里就说到："运墨而五色具，是为得意。"意思是说，虽然并不施加色彩，但以水调墨出现的深、浅、浓、淡等不同层次的墨色，可以把画面上的形象充分地表示出来。宋代的韩拙在《山水纯全集》里也指出过"墨以分其阴阳"，也指出在水墨画中运用墨色表现物体形象的重要。水墨画在元代以前主要是绘在绢上，表现技法受到一定的限制。自元代起，画家们更多的是采用宣纸来作画，由于纸对水与墨的吸收性能优于绢，也就难以掌握，因而它的技法要求比以前更高了，除了以笔墨勾勒与晕染外，又有破墨、积墨、泼墨等技法出现。因画家喜好的风格不同，水墨画有的偏于雅淡，有的偏于浓厚，既能细描精绘成卷，也能率意挥洒成图，因此水墨画成为中国画坛上的重要画体。

明清时代的水墨画发展迅速，产生了像徐渭、八大山人以及"扬州画派"等许多著名的画家。近代画家黄宾虹、齐白石对于水墨画技法的运用达到了绝妙的境地，尽管他们各自选择的题材不同，黄宾虹的水墨山水和齐白石的水墨虾子、小鸡等等，表现在画面上的景物都有着生活的气息，深受人们的喜爱。

文人画

文人画是中国绘画史上对封建时代的文人和士大夫阶层绘画的称呼，为的是区别于民间的画工画和宫廷的院体画，所以也称"士夫画"。文人士大夫在绘画上，主张表现个人的"人品"，抒发个人的"性灵"。在诗文之外把绘画作为余兴和笔墨游戏，是文人画的特点。文人画的作品，讲求笔墨情趣，强调神韵，追求意境，并重视诗、书、画在作品中的融汇，对于中国画的水墨、写意等技法的发展，都有着相当的影响。

最先提倡文人画的是宋代大诗人苏东坡，他的书法在当时也是首屈一指的。苏东坡提出了"士夫画"，他自己也从事绘画，好作竹石与枯木、寒林之类的画幅。在宋代还有文同善于画墨竹，米芾父子长于云烟一片的水墨点染的山水。元代的文人画家，往往出于不与异族统治者合作的思想，在各种题材的作品中发泄自己的情感。文人画在明代经书画家董其昌等人的称道和标榜，又得到了很大发展。他们并且把中国绘画分为南宗北宗，而将文人画归入南宗，还以唐代王维为南宗之祖。这在当时形成了"文人画"思潮，以后更形成了山水画上的抄袭和复古的趋势。

徐渭《梅花图》

文人画家中有不少人有强烈的个性和鲜明的艺术风格，从北宋以后，文人画就发展成为中国画坛中的艺术主流。特别是明代徐渭和清初朱耷（八大山人）、石涛等人的画法，对中国画的发展都有着显著的影响，一批又一批的画家吸收他们的创新精神，应用于创作实践。

文人画有着精湛的笔墨技巧和优美的抒情方式。近代画家吴昌硕、黄宾虹、齐白石、张大千等人的绘画都吸收过历史上的文人画的营养，形成了人们各自独特的艺术风格。

五色六彩

"五色""六彩"，都是中国画上的技法用语，所指的都是墨的运用和水的关系。

对于"五色"的具体解说，历来就不一致。唐代张彦远的《历代名画记》曾指出"运墨而五色具"。有的说法指"五色"是焦、浓、重、淡、清。焦墨是一种含水分量少的墨汁，使用这种墨色，可以在画面上出现干燥粗涩的线条。浓墨的墨色比焦墨略为稀一点，依次类推。另外，还有一种说法认为，"五色"是指浓、淡、干、湿、黑。这中间的干墨也就是前一说法中的焦墨，湿墨相当于清墨，是含水分最多的。

"六彩"是在"五色"的基础上增加白的这一种后形成的说法。清代的唐岱在《绘事发微》里提出"六彩"时说："墨有六彩，而使黑白不分，是无阴阳明暗；干湿不备，是无苍翠秀润；浓淡不辨，是无凹凸远近。"讲述了墨色在画幅上描绘形象的作用。

清代的布颜图在《画学心法》中称墨色在"六彩"中可分成"正墨"、"副墨"。近代山水画家黄宾虹指出："古人说墨分六彩，颇有道理。至于分干、淡、自三彩为正墨，湿、浓、黑三彩为副墨，此说我不能同意。因为墨色变化，可以相互作用，如求浓以淡，画墨显自，此法之变化；有干才知有湿，有湿才知有干，故在画法上，自不能有正墨与副墨之别。"

"五色"、"六彩"只是形容墨色的丰富变化，变化的条件要靠水来调，浓淡、干湿、黑白都是在相比较中显示的，因此熟练的画家运用墨色时很自由，并不按"五色"或"六彩"的定义生搬硬套。但是在使用墨时，都要先把墨研浓，然后以干净的毛笔和清水根据需要蘸墨调用。

画圣吴道子

吴道子，又名道玄，阳翟（今河南禹县）人，生活于盛唐时代，生卒年不详。在唐代，吴道子就被称为"画圣"，在中国绘画史上有着久远的影响。相传他曾向大书法家张旭和贺知章学习书法，以后专工绘画，曾在宫廷中作画，后来的画工也把他奉为祖师，为人好酒使气，感情激昂，意气奔放。

吴道子擅长于画佛道人物，在艺术上远师张僧繇，近学张孝师，后来创成"吴家样"，以夸张的手法与生动的形象，成为一种具有很大历史影响的人物画派。吴道子的人物画线条行笔磊落，圆润折转，凹凸起伏，被称作"兰叶描"，轻重顿挫之间，呈现出粗细刚柔、长短虚实的特点，画面上具有立体感，人们称之为"吴带当风"。吴道子在用笔和线条上改变了前人顾恺之、陆探微那种巧润细密的作风，形成了自己的神速大胆、自由豪放的气派。吴道子曾经在长安、洛阳的寺观先后画过佛道宗教壁画300多间，其中人物情状各不雷同。据说他画的《地狱变相图》，并没有画出牛头马面，但却画得阴气逼人，有着强烈的艺术感染力。这是因为他经常活动于民间，观察过现实生活中不同人物的不同特征，然后重视运用夸张手法绘出的。他的画法采用焦墨勾线，略加淡彩设色，笔迹洗炼，被称作"吴装"。

在山水画方面，吴道子的绘画也产生了很大影响，他的山水画像人物画一样具有比较强的立体感，比起隋代人画的单片的山石有很大不同，所以有人认为山水画的发展走进新阶段，是从吴道子开始的。传说中吴道子山水画最有名的作品，是他在大同殿上一日之间完成的三百里嘉陵江山水壁画。

吴道子《天王送子图》

吴道子绘画的作品没有保存下来，传本《天王送子图》据说是宋代画家李公麟的摹卷，画面上人物众多，衣纹用锐利的兰叶描线法绘出，创造了生动活泼的形象。由于吴道子画派流行，唐代时民间画工曾经翻印他的画稿作为样式，后来屡经翻摹复刻已失真。

三友与四君子

中国古代文人常有将3种事物引作朋友的说法，唐宋以来，有的把琴、酒、诗视为"三友"，也有把梅、竹、石说成"三友"的，这种风尚以后影响到了画坛。

宋元时代的文人有以水墨画为戏的，像苏东坡、文同喜欢画墨竹，杨无咎、王冕好画墨梅。后来，有的画家就把松、竹、梅称作"岁寒三友"。用松树的风姿喻坚贞，以竹子的直干形容气节，又把梅花的耐寒喻为风骨，从而构成了一种文人的所谓气质。以"岁寒三友"为题材作画，明、清以来代不乏人，这种题材也成了文人画中的一个重要方面。画家们以此为题材作画，多为抒发个人的感慨，"岁寒三友"所代表的那种人格形象，正是封建时代文人想求而不可遇的。

"四君子"是从"三友"发展而来的。明代有人把梅、兰、竹、菊绘成画谱，当时的有名文人陈继儒题称作"四君"，因此就有了"四君子"之称。兰花的清香，是人们所喜爱的，秋高气爽之时开放的菊花能够傲霜，也是为人称道的。在"四君子"中，梅花与兰花象征清幽，而竹子和菊花喻意高爽，把这几种汇为一体，就成为了封建时代文人标榜"君子"应具有的"清高"品格。

"三友"与"四君子"的题材，吸引了很多的文人画家，它在花鸟写意画的表现方式上产生过争奇斗艳的局面。从形式上有以一种花木作画的，更有将三者或四者熔为一炉的。其中最为盛行的是墨竹一科，画墨兰的也为数不少。清初的画家郑板桥、李方膺、金农、汪士慎等人都是喜欢画这种题材的著名好手。

明清时代的封建士大夫和

"四君子"图

文人，如果不能画几笔梅、兰、竹、菊的"四君子"画，会被认为与他的身份不相配。这对于写意的水墨文人画的发展起过某种推动作用。所以，不论是"三友"或"四君子"题材的文人画，对于培养人们的审美观念和情操都有一定的裨益。

别具一格的指画

指画，又称"指头画"。我国绘画中的一种特殊画法。不用毛笔而是用指头、指甲和手掌蘸墨或颜色在纸、绢上作画，在浓泼淡抹上此用笔更富有强烈的传神效果，乍看似粗，但精品则更觉粗中藏细。

唐代著名画家张璪，工画树石山水，清润可爱，尤以画松著名。他善用指头作画，"以手摸绢素"，为一时名流。后人都认为指画源于张璪。唐代还有一个著名画家王洽，因开泼墨的画法，自成一派，当时人叫他"王墨"。他性格奇特，酷爱饮酒。曾为潮海中都巡，后辞去。因他常往来海中，见烟云缥缈的天海，云霞舒卷、烟雨迷蒙的景象，更善于发挥泼墨的妙趣。他作画时，必待沉酣之后，先泼墨于纸上，依它的形象，而作成山水、树石、楼台，没有墨污痕迹，随自然天成，别具浑厚的景象。每以墨泼后，手抹脚涂，或挥或扫，或浓或淡；其状为山为石，为云为水，图出云霞，染成风雨，宛若神巧，妙趣横生。王洽的泼墨指画对后世影响很大。

明代著名画家吴伟，一次酒醉后画《松泉图》，不小心碰翻了墨汁瓶，于是索性用手涂抹，居然画成一幅好画，使得孝宗皇帝大为赞叹，"真仙笔也"，后来还得到赏赐的"画状元"图章。

真正承先启后而成就为一代指画宗师的，却是清代顺治年间的杰出画家高其佩。因他原籍是辽宁铁岭县，人们又尊称他为"高铁岭"。他8岁起开始临画，从事指画艺术50余年。他的指画名擅一时，形成一个新兴的画派。他擅画人物，能各具性格，姿神生动；也画山水，随意点染，云烟生绡；兼画花鸟，画花能解语，画鸟亦含情，无不精妙。他的指画清奇、简淡、浑厚，而神韵尤在指墨之外。人们称他的指画"超凡入圣"，从他遗留的作品来看，并非过誉之词。自他开宗立派以后，以指画崛起者达百余人，如他的外甥朱伦瀚、李世倬，儿子高敬等，"扬州八怪"中的李复堂得到他的传授，黄慎、罗聘、高凤翰等也都受到他画风的薰陶。高其佩的代表作有：《饱虎图》、《雁行图》、《怒容钟馗图》、《梧桐喜鹊图》、《虬松列岫图》等。

近代的指画大家，要数潘天寿与曾恕一，两人的造诣都达到很高的艺术境界。潘天寿以雄奇苍劲见长，曾恕一以柔媚细腻著称。

我国的指画艺术在百花齐放的今天，无疑将会大放异彩。

扬州八怪

清代康熙、雍正、乾隆时期，在扬州活动的一群画家，对于当时所谓正统文艺具有鲜明的叛逆性和独创性，被当时的人认为是画坛上的"怪物"，以后人们习惯地传称他们为"扬州八怪"（又称"扬州八家"或"扬州画派")。这 8 位画家，有的祖籍是扬州，有的是从外地来到扬州。当时，扬州集结的大批盐官盐商，暴发起家，挥霍消费，刺激了商业手工业的发达，也吸引了大量艺术人才。

"扬州八怪"他们都长期活动在扬州这个繁华的名城，他们之间有着密切的交往和深厚的友谊，在艺术上有着相近的风格。对于"扬州八怪"中的画家，有几种不同的说法，列入的姓名也并不一致，但一般是指以下的几位：

李鱓（公元 1686～1762 年），字宗扬，号复堂、懊道人，江苏兴化人。李鱓曾在宫廷里作画，后出任知县被免职，就到扬州卖画，擅作花卉虫鸟，早年作品工细，后来崇尚写意画。

汪士慎（公元 1686～1759 年），字近人，号巢林，安徽休宁人。汪士慎精篆刻和隶书，工画花卉，尤其善于画梅花，晚年失明后曾摸索着写狂草书法。著有《巢林诗集》。

黄慎（公元 1687～1766 年），字恭寿，号瘿瓢子，福建宁化人。少年时作画工绘肖像，后到扬州卖画，以狂草笔法描绘人物，题材广泛，神仙、渔夫等都能入画。著有《蛟湖诗草》。

高翔（公元 1688～1753 年），字凤岗，号西唐，扬州人。工篆刻，擅长画山水，也画梅花和人物。著有《西唐诗抄》。

金农（公元 1688～1764 年），字寿门，号冬心先生，浙江杭州人。金农好游历，居扬州后曾多次出游，行踪辽远。工书法、篆刻，50 岁以后开始作画，人物、山水、花鸟均能取作画材，有的作品是他的学生罗聘代笔。著有《金寿门遗集十种》等。

郑燮（公元 1693～1765 年），字克柔，号板桥，江苏兴化人，应举为康熙秀才、雍正举人、乾隆进士，曾在山东任知县，因得罪豪绅而罢官。作官前后均在扬州卖画，擅画兰竹，以书法融入绘画，作品疏朗劲峭，又用隶体参入行楷，自创"六分半书"。著有《郑板桥全集》。

李方膺（公元 1695～1754 年），字虬仲，号晴江，江苏南通人。曾任知县，退出官场后往来于南京、扬州卖画。喜画松竹兰菊，更长于画梅，用笔奔放。著有《小清河》。

罗聘（公元 1733～1799 年），号两峰，扬州人，金农弟子。能画人物、花卉、山水，所作《鬼趣图》，深刻地讽刺当世，影响深远。著有《香叶草堂集》等。

这8位画家都能作诗，擅书法或篆刻，他们的作品讲究诗书画的结合，笔墨技法对近代的写意花卉影响很大，他们的作品存世很多。

寄萍老人齐白石

齐白石（公元1864～1957年），名璜，字濒生，号白石，别号木居士、借山翁、寄萍老人等，湖南湘潭人。齐白石出身农家，小时只读过半年私塾，曾在家牧牛、砍柴，少年时开始做木工。以后与当地文人结识，刻苦努力学习绘画、诗文、书法、篆刻，曾靠绘肖像、卖画为生。中年时，齐白石从家乡"五出五归"，先后游历了南北各地，足迹遍及西安、北京、天津、桂林、梧州、广州、钦州、香港、上海、苏州、南京等地，饱览了祖国的名山巨川，扩大了心胸和眼界，所到之处，画笔不离手，绘下了许多写生画。回到故乡时买了房子居住，起名为"寄萍堂"。

1917年，齐白石到北京卖画、刻印时，结识了画家陈师曾，到北京定居以后，他们曾一起切磋艺术。陈师曾劝齐白石改变工细的画法，自创新意，他接受了劝说，闭门琢磨新的画法。齐白石吸取明清时代的写意画家徐渭、朱耷、石涛及当时的吴昌硕等诸家画法，融合传统写意画和民间绘画的表现技法，重视自己的创造，实现了"衰年变法"变化出新的画风，形成齐派独特的

齐白石画作

艺术风格。齐白石在绘画实践中，总结有自己的画论，即"妙在似与不似之间，太似为媚俗，不似为欺世"的见解。

　　齐自石的绘画题材广泛，最擅作花鸟虫鱼，笔墨纵横雄肆，色彩热烈鲜明，造型简练，特别是画的虾子活跃，红花墨叶狂放，另有一种工笔草虫与阔笔写意花卉结合在同一画面的特色，生动活泼。齐白石的山水画，早年有《借山图》、《石门二十四景》等，晚年画有《雪景山水》、《祝融朝日图》等，构图简朴，笔法精练。在人物画方面，齐白石的作品也呈献出简单而含蓄的风韵。齐白石是个全能的画家，他的书法、篆刻也都独树一帜，别出心裁。书法在继承传统中以随意为度，工篆书与行书。篆刻在学习浙派以后，多取法汉代凿印，布局奇肆，章法朴茂，运刀如笔，劲辣奔放，编有多种印谱。齐白石著有《借山吟馆诗草》、《白石诗草》等诗集。

　　1926 年起，齐白石受聘为北京艺术专门学校教授，抗日战争中，齐白石毅然辞去日本侵略者管辖的学校教职，抗战胜利后才又开始任教。新中国成立以后，齐白石任中央美术学院名誉教授、中央文史研究馆馆员、中国美术家协会主席。齐白石在 90 多岁以后，仍然从事书画、篆刻的活动，荣获 1955 年度国际和平奖金。1957 年 9 月 16 日下午，齐白石因心力衰竭病逝于北京，终年 94 岁。

帛画和帛书

　　帛画，是我国古代画在丝织品上的画。我国现存年代最早的帛画是湖南长沙战国楚墓中发现的 3 幅帛画。

　　一幅四周画着奇异的动植物图像，中间写有文字，但大多数不可以识，也称"缯书"；一幅绘长袖细腰女子，身着盛装，侧身合掌而立，在神话动物凤和夔的导引下，缓缓而行；另一幅绘有高冠长袖的男子，佩剑侧身，驾驭着长龙腾空前进，龙身呈舟状。画面上，线条生动流畅，人物造型也相当准确，具有丰富的想象力和精湛的艺术技巧。

　　此外，在长沙马王堆西汉墓中相继出土帛画 5 件。画中绘有墓主人图像和宴饮、车马、仪仗等场面，以及神话中的神灵怪异。其中还有一幅关于气功强身的图解，为我们研究古代医学史和气功的医学用途提供了重要资料。这些帛画，线条遒劲有力，色彩也很明丽，艺术水平已达相当高度。

　　除帛画外，我国古代还用缣帛写书，称为帛书。古书上就有"书之竹帛，传遗后世子孙"的说法。从战国开始，很长时期内，缣帛与竹、木简同是我国书写的主要材料。用缣帛写的信，也叫帛书。据史书记载，苏武被困在匈奴，为了传达信息，就将帛书系在大雁脚上，放回大雁。汉武帝在上林苑射猎，得到这只大雁，知道苏武等被困在北海大泽中，于是派人去援救。那信息的沟通正是靠帛书实现的。

高山流水

《高山流水》是著名的古琴曲。最早记载见于先秦著作《列子·汤问》："伯牙善鼓琴，钟子期善听。伯牙鼓琴，志在登高山，钟子期曰：'善哉，峨峨兮若泰山！'志在流水，曰：'善哉，洋洋兮若江河！'"可见早在先秦时期就已有这首曲子了。该曲的最早传谱见于明代的《神奇秘谱》，该谱在解题中写道："《高山》《流水》二曲本为一曲，至唐分为两曲，不分段数。至宋分《高山》为四段，《流水》为八段。"

只有《天闻阁琴谱》所载张孔山传谱，把《流水》分为九段，增加了几乎全用滚、拂、绰、注演奏的第六段，这就是琴家所称的"七十二滚拂流水"。对它所表示的意境，张孔山的弟子欧阳书唐阐述道："起首二、三段叠弹，俨然潺潺滴沥，响彻空山。四、五两段，幽泉出山，风发水涌，时闻波涛，已有蛟龙怒吼之象。息心静听，宛然坐危舟，过巫峡，目眩神移，惊心动魄。几疑此身在群山奔赴，万壑争流之际矣。七、八、九段，轻舟已过，势就淌洋，时而余波激石，时而旋洑微沤，洋洋乎！诚古调之希声者乎！"

从以上记载可知，分《高山流水》为二曲绝非偶然，或为充分发挥琴的特点，或为渲染气势，琴家历来均把重心放在《流水》上，以致其完美远胜《高山》。

《流水》的结构布局为：第一段，引子；第二、三段，主题一及其变奏；第四、五段，主题二及其变化；第六段，高潮；第七段，余音；第八、九段，主题二重复。主题一活泼轻快，有如山涧畅流的小溪，充满生机。主题二旋律悠扬婉转，造成高潮、激流涌进的声势，有若滔滔江水，一泻千里。全曲借景抒情，情景交融，在浩瀚的气势中，让人感受其深邃的意境和高山江河的博大胸怀，余味无穷。

阳春白雪

我国古代取名《阳春白雪》的音乐有 3 种，最早的当数楚国歌曲《阳春白雪》。这是当时较为高级的音乐，因其水准较高，难度较大，能附和诵唱者很少。文学家宋玉曾有言道："客有歌于郢中者，其始曰《下里巴人》，国中属而和者数千人……其为《阳春白雪》，国中属而和者不过数十人。""曲高和寡"的成语即由此而来，由于年代久远，它的词和曲均已失传了。现在常与"下里巴人"相对，用以乏指那些高深、不通俗的文艺作品。

其次是古琴曲《阳春白雪》。该曲传说为春秋时晋国师旷所作，一说为齐国刘涓子所作。古时常以"阳春白雪"连称，所以常被误认为是一曲。后世人所著琴谱则分它为二曲。该曲最早记载见明代朱权撰辑的《神奇秘谱》。其《阳春》解题称唐高宗时曾由吕才加以修订；《白雪》解题称："《阳春》取万物知春、和风澹荡之意；《白雪》取凛然清洁、雪竹琳琅之音。"该曲至今仍在演奏。

第三是琵琶曲《阳春白雪》，也称《阳春古曲》。它的产生时代不详，明代诗人王稚登的诗作《长安春雪曲》写道：暖玉琵琶寒玉肤，一般如雪映罗襦。抱来只选《阳春曲》，弹作盘中大小珠。由此可见，至少在明代就已有琵琶曲《阳春白雪》了。从记载该曲的几种版本看，它的取材和结构安排都有变化，因此出现了《大阳春》、《小阳春》、《快板阳春》等名目，以示区别。

琵琶曲《阳春白雪》旋律活泼、新颖，节奏稍快而具推动力。描绘了大自然生气勃勃、春意盎然的景象。乐曲活泼流畅、富于生命力，现仍流行。

春江花月夜

《春江花月夜》是一支典雅优美的抒情乐曲。它宛如一幅工笔精细、色彩柔和、清丽淡雅的山水画卷，展示了在春天静谧的夜晚，月亮从东山升起，小舟在江面荡漾，花影在两岸轻轻地摇曳的大自然迷人景色，形象地描绘了月夜春江的娇容美貌，尽情地赞美了江南水乡的风姿异态，给人们以高度艺术美的享受。

《春江花月夜》原是一首琵琶大曲，名为《夕阳箫鼓》，又名《浔阳琵琶》、《浔阳夜月》、《浔阳曲》等。1895 年，琵琶演奏家李芳园把它放在《南北派十三套大曲琵琶新谱》中。1925 年前后，上海大同乐会的柳尧章和郑觐文首次将它改编成民族管弦乐曲，并借用唐代白居易的《琵琶行》中"春江花朝秋月夜，往往取酒还独倾"这个诗句主题，改名为《春江花月夜》。新中国成立后，我国音乐工作者罗忠镕、吴祖强、黎海英等，多次对它进行改编和整理，使得这首乐曲更臻完善，深受国内外听众的热烈欢迎。

1956 年，上海民族乐团访问联邦德国时，演奏了《春江花月夜》，一曲奏毕，掌声雷动。演员们接连谢了 4 次幕，但观众们仍不罢休。他们以德国最热烈的欢迎方式——长时间敲打着椅子来表达他们对中国优美的传统音乐的喜爱。

《春江花月夜》全曲连同尾声共分 10 段。人们遵循中国古典标题音乐的传统。前面 9 段都加了一个富于诗意的小标题：江楼钟鼓、月上东山、风回曲水、花影层叠、水深云际、渔歌唱晚、回澜拍岸、棹鸣远濑、欸乃归舟，使这首古曲成为中国传统音乐中的一颗夺目的明珠。

《春江花月夜》的音乐意境优美，乐曲结构严密。它的主题旋律尽管有多种变化，新的因素层出不穷，然而在每一段的结尾处大多采用了同一乐句出现，听起来十分和谐。在民间音乐中，这种手法也叫"换头合尾"，它从各个不同角度揭示乐曲的意境，深化音乐表现的内容。

《春江花月夜》，这首用优美的旋律勾勒出来的山水音画，是那样地令人心醉。这首极为优美的中国乐曲，已成为世界文化宝库中的一颗熠熠明珠，它将永远闪烁着动人的光彩。

胡笳十八拍

《文姬归汉》说的是汉朝的蔡文姬被胡人掳走，成了匈奴左贤王的王妃，公元 208 年，曹操派人出使匈奴，赎回文姬的故事。

蔡文姬是著名文学家、史学家蔡邕的女儿。文姬自幼便显露出惊人的音乐素质与出众才华。她从匈奴回来，而不能再见亲生的儿子，心情十分悲痛，"南看汉月双眼明，却顾胡儿寸心死"。蔡文姬有着杰出音乐才能并熟悉两个民族音乐，她要将自己巨大而深沉的心灵感受用音乐表达出来，把胡笳声用中国的古琴声表达出来。于是，产生了《胡笳十八拍》这首著名的琴曲。

《胡笳十八拍》分为18段歌词，叙述了她流落匈奴的经过和对家乡的思念，描写了她对孩子的疼爱和母子分别的情景。郭沫若称之为"那像滚滚不尽的海涛，那像喷发着熔岩的活火山，那是用整个的灵魂吐诉出来的绝叫。"

《胡笳十八拍》的歌词，初见于南宋朱熹所编《楚辞后语》。整个《胡笳十八拍》的音乐，以一个主题发展而成。随着情节的发展，音乐也起伏跌宕，一气呵成。18段音乐的结构，在统一中求变化；曲调中汉、蒙音乐神汇韵合；旋律的激越跳进，都使这首琴歌中蕴含的深沉而又丰富的感情得以充分的发挥。它不愧是我国音乐艺术中的瑰宝。

历史上演奏《胡笳十八拍》最出名的莫过唐朝开元、天宝年间的董庭兰。唐诗人李颀曾写一首《听董大弹胡笳声兼语弄寄房给事》的诗，生动地描绘了董庭兰演奏此曲时，给诗人带来的丰富的美的想象。李颀称他的琴艺"通神明"、"来妖精"，有着丰富的表现力，令诗人"日夕望君抱琴至"。

古代乐器

考古工作者在浙江余姚县河姆渡遗址出土了一些用鸟禽类的肢骨制作的笛子，距今约7000年。这些笛子虽然制作得粗拙简陋，但有的还可发出简单的音调。这就是远古人使用的吹奏乐器——骨笛。

从原始时代到夏商时期，我国的乐器主要是打击乐器和吹奏乐器两类，如土鼓、磬、缶、钟、骨哨等，都是用天然材料所制成。到了商代，出现了很多用青铜制作的乐器，在性能和工艺上已大大高于原始乐器。

西周时期，乐器的种类增多，仅见于古籍中记载的就有70多种，如编钟、编磬、箫、笙等。弹弦乐器也在这时出现，但较为简单，发音单调。到了春秋战国，乐器的发展较快，出现了弹拨乐器筝，吹奏乐器竽等；旧有的乐器如编钟在研制、性能方面也都为此前任何编钟所无法比拟。在湖北随县出土的曾侯乙编钟，共8组64件，总重量达2500多千克，音阶准确，音域宽广，音色优美。每钟可发出相距三度的两个音，总音域达5个八度，其精湛的工艺水平深为现代人所惊叹。

秦汉时期出现了排箫、羌笛、筇、箜篌、琵琶等。到了隋唐时期，乐器的品种愈加增多，据唐段安节《乐府杂录》载，共有300余种。拉弦乐器在此时也开始出现，如奚琴，有两条弦，用竹片在两弦间摩擦发音，这恐怕就是胡琴的前身了。

宋代的乐器又有自身的特点：①产生了多种多样的吹奏乐器；②拉弦乐器开始得到重视，如马尾琴已经得到广泛的运用、流行。元明清以后的乐器更加多样，性能也更为完备，特别是西洋乐器的传人，又为我国乐器的发展注入了新的血液，使我国古代乐器呈现出更加多姿多彩的面貌。

古　筝

古筝是我国古老的击弦乐器，后汉训诂学家刘熙解释说："筝，施弦高，筝筝然也。"筝的命名，是根据其音响效果而来的。据先秦文献记载，我国早在战国时期就有筝这种乐器。相传，秦国有一对姐妹非常喜欢弹瑟。一次，姐妹俩人同去争抢一个，不慎将瑟破为两半，姐姐手中的一半13根弦；妹妹手中的一半12根弦。秦王得知此事便把这件意外而得的乐器起名为筝。用这个故事来说明古筝的来源，当然有些牵强，但它足以说明早在战国时代，

古　筝

我国已有筝这种乐器了。经有关专家考证，筝起源于一种名为筑的古老击弦乐器，后来又受到瑟的影响和启发。

筝按五声音阶排列定弦。它音域宽广、浑厚明亮。演奏者可运用右手托、劈、摇、抹等技法奏出繁多的音量、音色变化；运用左手指按抑琴弦，控制弦音的变化，表达刚柔哀乐的情感。另外，还可以通过"双手抓筝"的技巧，发出 6 个音的和弦，用来表现碧波荡漾、流水潺潺，那真是再妙也没有的了。

史书中有这样一段记载：三国时期，军阀混战，吕布投奔袁绍，遭到袁绍的猜疑和部将的嫉妒。吕布觉察后，借机告辞，以免杀身之灾。袁绍则选派 30 名壮士，名为护送，实则想伺机谋害吕布。夜幕降临，围在帐房外的士兵正要动手，忽然从吕布帐中传出悠悠的弹筝声，似涓涓细流，春莺高歌，壮士不知不觉沉醉于美妙的音乐之中，等到再要下手时，吕布早已远走高飞了。

古筝，中国音乐文化宝库中的明珠，以其璀璨夺目的光辉，闪烁了两千多年。千百年来，它广泛流传于民间，并形成了不同音韵和技法特点的多种流派。同时，它还影响着日本、朝鲜等亚洲国家的音乐文化。越南的十六弦琴、朝鲜的伽椰琴都是中国古筝的后代。随着时代的发展，筝已从民间步入系统的专业教育领域，它的明天将会更加光辉灿烂。

编　钟

编钟是我国古代的一种乐器。西周中期的大小 3 件一组的编钟，是 1954 年在陕西长安县普渡村长白墓出土的。这是目前发现年代最早的编钟。它已是依一定音阶组成的旋律音器。近年来，各地出土的编钟数目逐渐增多。由 9 件、11 件、13 件、14 件组成。有的音高相当准确，可构成完整的 5 声音阶、6 声音阶或 7 声音阶。

举世闻名的现存最大最完整的青铜古乐器——编钟，是 1978 年在湖北省随县擂鼓墩战国曾侯乙墓出土的。它共 64 件，其中纽钟 19 件，甬钟 45 件。出土时，分 3 层 8 组悬挂在钟架上，都依大小次序排列着，场面十分壮观，宛如一间古代乐厅。钟架上层，悬挂着 3 组纽钟，主要是定调用的，或在演奏时补奏一、二个乐音。中层悬挂着 3 组甬钟，有 3 个半 8 度音阶，是这套编钟的主要部分，能配合起来演奏各种乐曲。下层悬挂着两组雨钟，体大壁厚，声音深沉洪亮，在演奏中起烘托气氛与和声的作用。它们的形体和重量是上层最小，中层次之，下层最大。最小的一件重 2.4 千克，高 20.2 厘米；最大的一件重 203.6 千克，高 153.4 厘米，超过以往出土的任何编钟。演奏的工具是 6 根敲钟用的"丁"字形彩绘木槌，两根撞钟用的细长木棒。

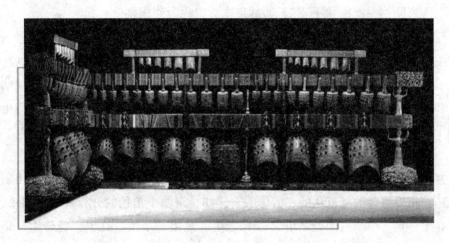

曾侯乙编钟

编钟的每件钟体上都有错金篆体铭文，总计 2800 多字，内容都是关于音乐方面的记载。根据铭文记载，通过测音表明，钟音音阶与现代 C 大调七声音阶同列，音域跨 5 个八度，声音宏亮，音色完美，能旋宫转调，12律半音齐备，能演奏复杂乐曲。音乐工作者参照当时演奏方法进行试验，古今乐曲都能演奏。凡欣赏过的人，无不惊叹叫绝。钟架为铜木结构。木质架梁上满饰彩绘花纹，两端都套着浮雕或透雕的龙、鸟和花瓣形象的青铜套，起着装饰和加固作用。中下层横梁分别用 3 个青铜佩剑武士的头和双手承顶，下层铜人立于大型雕花圆铜座上。钟架通长是 11.83 米；高达 2.73 米。气魄雄伟、场面壮观、结构严谨、十分牢固。它虽承担了 2500 多千克的重量，经过 2400 多年而仍没坍塌。

这编钟规模之宏大，铸造之精美，创造了世界音乐史和冶炼史上的奇迹。

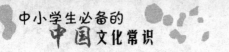

京　剧

　　近百年来，京剧已经遍及全国，成为在中国影响最大、最具有代表性、在群众中享有最高声誉的剧种。从 20 世纪 30 年代开始，艺术大师梅兰芳曾多次率领京剧团出国演出，引起世界艺坛的轰动。至今，国外的艺术家们仍把京剧视为中华民族传统戏剧艺术的代表和精华。

　　京剧，一度称"平剧"，后称京剧，也称为"国剧"。

　　京剧的历史仅有 140 多年。清光绪年间，北京最受欢迎的是以二簧调为主的徽班，通称皮簧戏。后来，艺术风格相近的汉调进京，被二簧调吸收，形成徽汉二腔的合流。在不断的演出实践中，又从昆剧、秦腔等地方戏曲和民间曲调中，吸收了部分唱腔、身段动作及表演艺术的长处，逐渐产生了独具民族风格的京剧。

　　丰富的剧目、严格的声韵、悠扬的音乐、划分细密的行当、唱做念打并重的表演，以及色彩斑斓的脸谱和考究多姿的服饰，构成了一套互相制约、相得益彰的规范化的表演体系。比如，京剧中角色的分行就十分细致，在生、旦、净、丑四类之下又分有老生、武生、小生、红生、娃娃生，青衣、花旦、刀马旦、武旦、老旦，铜锤、黑头、架子花、武二花、摔打花；文丑、武丑等。其脸谱以各种鲜明对比的色彩和各具规则的图案显示人物的性格品质和容貌特征，使人一望而可辨忠奸善恶。在表演上，讲究手、眼、口、身、步"五法"和唱、做、念、打"四功"的规矩尺度。各行角色都要掌握本行的一套专门技术，如小生的扇子、旦角的水袖、武生的筋斗、老生的甩发等等。通过虚实结合的表现方法，达到"以形传神，形神兼备"的艺术境地。

　　在京剧发展的不同阶段，涌现出一批批技艺精湛、影响深远的表演艺术家和争奇斗胜、独具风格的艺术流派。其中老生有程长庚、余三胜、谭鑫培、汪桂芬、孙菊仙、余叔岩、周信芳、马连良；小生有徐小香、程继先、叶盛兰；武生有俞菊生、杨小楼、盖叫天、李春来；净角有何桂山、郝寿臣；丑角有杨鸣玉、刘赶三、王长林、萧长华；青衣有王瑶卿、陈德霖以及梅兰芳、程砚秋、尚小云、荀慧生四大名旦……可谓人才辈出，群星闪烁。他们各以自己的艺术光华，为京剧舞台增辉，并以各自旺盛的创造精神，使京剧——这个饮誉海内外的剧种永远保持着艺术的魅力。

昆　剧

昆剧，又称昆山腔、昆曲或昆腔。原为江苏昆山一带流行的民间戏曲腔调，后经昆山音乐家顾坚的歌唱和改进，推动了它的发展。明嘉靖年间，戏曲音乐家魏良辅吸收海盐、弋阳等腔的长处，对昆腔加以改进，总结出一系列唱曲理论，从而建立了曲调舒徐婉转、舞蹈性强、表演风格优美、独特的昆腔演唱体系。其流行地区逐渐扩大，先后又产生了北昆、湘昆、川昆、宁昆等很多流派。

昆剧的音乐和表演艺术自成一家，流布南北，对现代我国大部分声腔剧种都产生过深刻的影响，为其他剧种的发展提供了极为丰富的内容。如越剧的表演，京剧中各类角色的唱法，都是在昆剧的基础上发展起来的；梅兰芳、程砚秋等当代著名表演艺术家也把昆剧的表演技巧作为自己加强基础训练、提高表演水平的重要手段。至今，川剧、湘剧、婺剧、赣剧、桂剧等剧种中都仍然保留着昆剧的部分剧目、声腔和曲牌。

昆剧的表演、是一种歌、舞、介（关于动作、表情、效果的舞台指示）、白各种表演手段互相配合的综合艺术。表演形式是载歌载舞，念白多用江南方言，角色分工严格细致，音乐配器较为齐全，使其在曲调旋律、演唱技巧、戏剧的表现手法等方面，都较其他剧种更为完美。

昆剧保留下来的剧目有400多出折子戏。《琵琶记》、《牡丹亭》、《长生殿》等都有全谱或接近全本的工尺谱。1956年，浙江改编演出的《十五贯》，在全国引起强烈反响，为昆剧的革新作出了重要贡献。近几年由白先勇制作的昆曲青春版《牡丹亭》在全国各地演出，反响巨大。

作为一个独立的剧种，昆剧目前并不像京剧、评戏那样普及，很多观众、尤其是青少年对这个剧种也较生疏，但其艺术生命还远远没有终结，各剧种将继续从昆剧中汲取营养和精华。昆剧，对我国传统戏剧艺术的贡献永远不可磨灭。

关汉卿

在我国及世界戏剧史上，关汉卿都称得上是一位多产的作家。根据《录鬼簿》（戏曲专著，元钟嗣成著）的记载，他一生共创作了63个剧本，超过了被誉为"创造得最多的"英国大戏剧家莎士比亚。可惜关汉卿的剧作大多已经散佚，流传下来的仅有《感天动地窦娥冤》、《救风尘》、《望江亭》、《调风月》、《拜月亭》、《单刀会》等12部。和他的大多数剧作一样，他的生平事迹我们现在也知之不多。

关汉卿，生于1229～1241年间。据有关史料介绍，说他"生而倜傥，博学能文，滑稽多智，蕴藉风流，为一时之冠"。他与同时代的很多作家因为志同道合，维持着广泛的友谊联系。著名女演员珠帘秀和他也有深厚的友谊。他是当时戏剧界中颇为活跃的一个人物，擅长歌舞，精通音律，不仅创作剧本，还粉墨登场，参加演出。这样的生活不仅使他掌握了比较丰富的舞台经验，又使他能更深入地理解到广大观众的要求和心理。

关汉卿的剧作深刻地反映了社会现实，表现了人民的生活和感情。他最有影响、最具代表性的作品是《窦娥冤》。描写一个贫苦的女孩子窦娥因家境贫寒，七岁离开父亲做了人家的童养媳。十年后，丈夫又不幸早死。恶棍张驴儿强迫窦娥嫁给他，她不从。张驴儿下毒，不料毒死亲父，就反诬窦娥，告到官府。但见钱眼开、草菅人命的太守不听申辩，却将窦娥"下在死囚牢里"。可

关汉卿像

怜的窦娥最后竟惨死在昏官的屠刀之下。不甘于自己命运的窦娥在绑赴刑场的路上咒天骂地，痛斥主宰者的罪恶。刑前发下三桩"无头愿"。行刑之后，阴云密布，悲风怒号；颈血上冲，六月飞雪，三年不雨，草木皆枯。这一切都证明着她的清白与冤枉。作家借助于浓郁的悲剧气氛的创造，使主题逐步深化，表现了自己强烈的爱憎，抒发人民反抗、伸冤、报仇的愿望和真理不可战胜的力量。这部剧作塑造了窦娥的光辉艺术形象，也最充分地体现了关汉卿的社会政治观点，是他最成熟的艺术结晶。

关汉卿还有很多描写下层妇女的不幸和斗争的作品，如《救风尘》、《望江亭》，都以清新活泼而著称；《单刀会》等作品，气势磅礴，慷慨激昂，歌颂了历史英雄人物关羽的磊落胸襟和豪迈气概。总之，关汉卿的剧作内容广泛，思想深刻，风格多样，形象鲜明，在我国戏剧史上占有重要的一页。

临川四梦

临川四梦，又称玉茗堂四梦，指明代剧作家江西临川（今江西抚州市）人汤显祖（1550～1616年）的《牡丹亭》、《紫钗记》、《邯郸记》和《南柯记》。

《牡丹亭》和《紫钗记》是儿女风情戏，《邯郸记》和《南柯记》是社会风情剧。或许"四剧"皆有梦境，才有"临川四梦"之说，或许"四剧"本身就是其毕生心血凝聚成的人生之梦。汤显祖的"四梦"是一种原本的真实，包含了深邃的思想内涵，以虚幻的记梦方式，表示了鲜明的价值取向。也有一位他的同代人王思任，用"《紫钗记》，侠也；《牡丹亭》，情也；《南柯记》，佛也；《邯郸记》，仙也。"概括了"四梦"的"立言神旨"。应该说，这个评论颇有见地，或许指出了汤显祖梦文化的美妙情境。

几百年来，"临川四梦"因何盛演不衰？或许"四梦"概括了纷繁世间事，或许"四梦"揭示了万般总是情，汤显祖在《牡丹亭记题词》曾说："情不知所起，一往而深。生者可以死，死者可以生。生而不可以死，死而不可以复生者，皆非情之至也。"这种对"情"的感悟，不知令人多少人共鸣，每当在梦境中醒来，再走入新的梦境时，总会回味那或仙、或佛、或侠、或情的斑斓残梦，而情中的梦，梦中的情，更是令人怦然心动。

京剧四大名旦

京剧四大名旦指的是梅兰芳、程砚秋、尚小云、荀慧生。四大名旦的称谓是由沙大风于 1921 年在天津《大风报》创刊号上首次提出。

梅兰芳（1894~1961 年），名澜，又名鹤鸣，字畹华、浣华，别署缀玉轩主人，艺名兰芳。江苏泰州人，1894 年生于北京，他出生于京剧世家，10 岁登台在北京广和楼演出《天仙配》，工花旦，1908 年搭喜连成班，1911 年北京各界举行京剧演员评选活动，张贴菊榜，梅兰芳名列探花。代表戏京剧有《贵妃醉酒》、《霸王别姬》等；昆曲有《思凡》、《游园惊梦》等。梅兰芳在京剧唱腔、念白、舞蹈、音乐、服装上均进行了独树一帜的艺术创新，被称为梅派大师。

程砚秋（1904~1958 年），原名承麟，满族，后改为汉姓程，初名程菊侬，后改艳秋，字玉霜。1932 年起更名砚秋，改字御霜。自幼学戏，演青衣，受师于梅兰芳。他在艺术上勇于革新创造，讲究音韵，注重四声，追求"声、情、美、水"的高度结合，并根据自己的嗓音特点，创造出一种幽咽婉转、起伏跌宕、若断若续、节奏多变的唱腔，形成独特的艺术风格，世称"程派"。程砚秋擅长演悲剧，编演过《鸳鸯冢》、《荒山泪》、《青霜剑》、《英台抗婚》、《窦娥冤》等戏，大多表演封建社会妇女的悲惨命运。

尚小云（1900~1976 年），名德泉，字绮霞。祖籍河北南宫县，生于北京市安定门内，法通寺草场大院。幼入科班学艺，14 岁时被评为"第一童伶"。初习武生，后改正旦，兼演刀马旦。他功底深厚，嗓音宽亮，唱腔以刚劲著称，世称"尚派"。代表作有《二进宫》、《祭塔》、《昭君出塞》、《梁红玉》等，塑造了一批巾帼英雄和侠女烈妇。

荀慧生（1900~1968 年），祖籍河北东光，初名秉超，后改名秉彝，字慧声，1925 年与余叔岩合演《打渔杀家》起改名为荀慧生，号留香，艺名白牡丹。幼年在河北梆子班学艺，19 岁改演京剧，扮演花旦、刀马旦。他功底深厚，能汲取梆子戏旦角艺术之长，熔京剧花旦的表演于一炉，形成独特的艺术风格，世称"荀派"。擅长扮演天真、活泼、温柔一类妇女角色，以演《红娘》、《金玉奴》、《红楼二尤》、《钗头凤》、《荀灌娘》等剧著名。

弹　词

弹词至今很流行。它也叫"南戏"，本是曲艺的一个类别。表演者大都是一至三人，有说有唱，乐器以三弦、琵琶、月琴为主，表演者自弹自唱，别具一格。

苏州弹词是弹词的一种。此外，还有扬州弹词、四明弹词、长沙弹词、桂林弹词等，曲词、唱腔各自不同，皆用地方方言说唱，是颇具地方色彩的说唱艺术。

明代杨慎有《廿一史弹词》，是长篇弹词的一种。清代张三异注。共10册。以正史所记的事迹为题材，用浅近文言写成。唱文均为十字句，后再系以诗或曲。它的一段略似于章回小说的一回，体例与后世的弹词相近，被认为是近世弹词的发源。

《榴花梦》是清代女作家李桂玉作的长篇弹词，390卷，最后3卷由女作家杨美君、翁起前（合署浣梅女史）合作续成。每卷二回，全文约500万字。叙述唐代女子桂桓魁建立边功，痛责昏君庸臣的故事。福建有几部抄本流传，传唱甚广，但都不是全本，1962年发现完本。

清代陈遇乾有《义妖传》，也是长篇弹词，五十四回，系根据乾隆间刻本《白蛇传》改写而成。与明代崇祯间的《白蛇传》弹词抄本内容不同。

清代道光、咸丰年间，女作家邱心如有《笔生花》，是一部三十二回本的长篇弹词。叙述明代女子姜德华为逃避点秀女，女扮男装出走，后建功立业，终于与其表兄文少霞团圆。情节曲折，引人入胜，对封建社会妇女的屈辱地位多所不满，但又对多妻制予以赞颂。

清代写《官场现形记》的李宝嘉也有长篇弹词作品，名为《庚子国变弹词》，四十回。初刊于《繁华报》。作品反映了当时的历史事实，并暴露了侵略者八国联军的兽行，但对义和团采取敌视态度。

此外，又有"评弹"的名称，但与弹词不同。它是苏州评话、苏州弹词两种曲艺形式的合称。这两种曲艺形式综合演出时，也称评弹。苏州评弹目前十分流行，甚至影响到北方听众，有的歌唱家也乐于演唱这种曲艺形式，可见其生命力之强。

信天游

信天游是中国民歌的一种，属山歌性质，也称"顺天游"。因其形式简便，旋律优美，人们在山野间可自由即兴编唱，信天而游，传遍四方，人们便称之为"信天游"。其主要流行地在陕北和甘肃、宁夏的东部地区，如华池、合水、环县、盐池等地。信天游曲子相对稳定，填词方便，故而内容十分广泛。既有表现劳动人民对反动统治不满的，也有表现美好愿望和幸福憧憬的，而大多数以爱情题材为主。

信天游是当地劳动人民最为喜爱的一种艺术形式。终日的劳累、满腔的怨愤和由衷的喜悦都可以通过它而得到充分的表达，所以当地人民有"信天游，不断头。断了头，穷苦人就无法解忧愁"的说法，这充分表达了劳动人民对自己创造的这一艺术形式的喜爱。

信天游的歌词一般是两句一段，每首歌词的段数并不一定，视需要而定。歌词通常每句7个字，多的也可以达到11个字，因它没有固定的韵律，在段数多时，可以随时换韵，所以填词、换词较为方便，深得民意。信天游多数语言简洁、生动，感情表现纯朴、自然、真挚。

信天游的曲调有40～50种。其特点是结构短小，由两个乐句构成，上下呼应。从调式上看，多为征调式、羽调式和商调式。其节奏较自由，音调简朴、高亢、奔放，可反复咏唱。由于它的即兴色彩转浓，因而在不同的地区就产生了一些风格上的差异。如神木、府谷一带的信天游就与山西的山曲、内蒙的爬山调互为影响。而定边、靖边与盐池、华池等地的信天游则多大跳，在音调上与陕甘宁花儿有一定联系。绥德、米脂、佳县的信天游则又是一种风格，是陕北信天游的典型代表。随着中国共产党陕北根据地的建立，陕北信天游得到了广泛流传，人们所熟悉的信天游多为此类。

1980年以来，乡土音乐的崛起，为信天游开辟了一个新天地。许多信天游词曲被整理、改编，那熟悉的音调再一次响彻神州大地。

秧　歌

秧歌，是流行于我国北方的一种民间舞蹈，起源于农业劳动，有着悠久的历史。主要是逢年过节为增添喜庆欢乐气氛进行表演，舞姿自由、即兴，动作也无严格固定的规范。一般是舞者装扮成各种人物，手持扇子、手帕、彩绸等道具而舞，参加表演的人数众多，以锣鼓、唢呐伴奏。有些地方的秧歌队中还穿插着狮子舞、龙灯、旱船等表演项目。因流行地区广泛，各有不同的风格和特点。如按地区分则有陕北秧歌、东北秧歌、山西秧歌、河北秧歌等。秧歌形式简易活泼，富有表现力，受到广大农民群众的欢迎。

1943 年新年和春节，延安鲁迅艺术文学院的师生组成了秧歌队到街头广场演出，利用民间的秧歌形式，表现拥军、生产、学文化等与当时广大工农兵和革命干部息息相关的新鲜内容。因为这些节目，经过对旧秧歌的提高创造以新的形式和内容出现，被人们称为新秧歌。不久后，新秧歌很快就普及到陕甘宁边区和邻近的晋绥边区，形成一个生气勃勃，热闹红火的群众文化运动。

新秧歌深入到广大农村和部队，人们取材于大家关心的生活和事件，编演了一批内容新鲜、形式活泼的剧目，如《兄妹开荒》、《夫妻识字》、《牛永贵挂彩》、《惯匪周子山》等，这些载歌载舞的戏剧就是秧歌剧。秧歌剧保留了传统秧歌生动活泼的特点，同时又广泛吸取地方戏曲、民间歌舞以及话剧、舞蹈的因素，使其成为一种熔戏剧、音乐、舞蹈于一炉的综合的艺术形式，来表现解放区人民的新生活和兴高采烈的心情。这一艺术形式不仅使古老的传统秧歌焕发出艺术青春，同时也为我国新歌剧的创作和演出奠定了雄厚的基础，开辟了一条广阔的道路。

礼仪、风俗、宗教

三纲五常

三纲。我国古代社会的一种道德规范，即君为臣纲，父为子纲，夫为妻纲，合称"三纲"。纲，是居于支配地位的意思，就是臣要绝对服从君，子要绝对服从父，妻要绝对服从夫。这套君臣、父子、夫妇之道，最先由汉代董仲舒提出，后经历代统治者加以系统化，成为禁锢人们思想的教条。

五常，也叫"五伦"，是封建礼教所规定的君臣、父子、兄弟、夫妇、朋友之间的关系。这些人伦关系，反映了我国古代社会的等级观念。《孟子·滕文公上》："使契为司徒，教以人伦：父子有亲，君臣有义，夫妇有别，长幼有叙，朋友有信。"

古代交友称谓

何谓朋友？古人云："同门（师）曰朋，同志曰友。"古人有许多称谓来表达彼此间的关系。

布衣之交：普通老百姓相交的朋友。

刎颈之交：哪怕砍头也不变心的朋友。亦称"生死之交。"

莫逆之交：意谓彼此心志相通，情投意合。

杵臼之交：杵，春米的木棒；臼，石臼。指交友不嫌贫贱，亦称为"杵臼交"。

忘年之交：年岁差别大，行辈不同而交情深厚的朋友。

总角之交：幼年就相认的朋友。《诗·齐风·甫田》里载："总角卯兮。"角，小髻；卯，儿童的发髻向上分开的样子。后习惯称童年时代为"总角"。

竹马之交：小时候就相好结交的朋友。唐杜牧《杜秋娘》诗有云："渐抛竹马剧，稍出舞鸡奇。"形容小儿时天真无邪、亲昵嬉戏之状。

在《鸡鸣偶记》中，古人把朋友分成四类："道义相砥，过失相规，畏友也；缓急可共，死生可托，密友也；甘言如饴，游戏征逐，昵友也；利则相攘，患则相倾，贼友也。"

古代的跪拜礼

我国在汉代以前，没有正式的凳椅。人们进食、看书时，坐在席子上，称"席地而坐"。如请客人坐正席，也只是多垫一重席子，表示恭敬。古代所谓"坐"姿，和我们现代人完全不一样，要两膝着地，将臀部坐于后脚跟之上，脚掌向后向外。实际上相当于我们现在的跪。接待宾客时，每当"坐"着向客人致谢时，往往伸直上半身，使坐变成了跪，然后再俯身向下，逐渐形成了日常生活中的跪拜札。

古人认为，不跪就不叫拜。拜，是行敬礼的意思。按照周代礼仪规定，跪拜分为稽首、顿首、空首、振动、凶拜、吉拜、奇拜、褒拜、肃拜等9种，称为"九拜"。

在"九拜"中，稽首、顿首、空首，称为"正拜"。行稽首礼是"九拜"中最隆重的礼节。拜者必须屈膝跪地，左手按右手，支撑在地上，然后慢慢叩首到地，稽留多时，手在膝前，头在手后。这种一般用于臣子拜见君王和祭祀先祖的礼仪。后来，僧人举起一手向人行礼，也称稽首。

行顿首礼时，和稽首好多相同，不同处是拜时必须急叩头，其额触地而拜；用于下对上的敬礼。后来在书信中，开头或末尾用"顿首"，是表示对对方的恭敬。

行空首礼时，双膝着地，两手拱合，俯首到手，与心平而不到地，因此叫"空首"。

振动，不仅要跪拜、顿首，拜后还要跳踊。这一般是在丧事时，拜者往往捶胸顿足，跳跃而哭，极度悲伤。凶拜是先顿首，后空首，吉拜，则在行礼时，先空首，后顿首；奇拜，即一拜，褒拜，就是再拜、三拜。古代以再拜为重。

肃拜，是古代女子跪拜礼的一种。拜时，跪双膝后，两手先到地，再拱手，同时头低下去，到手为止，因此又称作"手拜"。肃，是手到地的意思。后来，在书信来往中，表示对对方的尊敬，往往写上"谨肃"。妇女行礼也称"端肃"，就是由此而来。

汉代以后，渐渐有了高座，椅子凳子出现了，原来生活中的"跪坐"起了很大变化。但跪拜还存在，变成了等级差别的标志。臣子拜见皇帝，小官拜见大官，奴才拜见主子等，有时都要行三叩九拜之礼。民间的祭祀、祝寿时，仍世代相传。后来，又有了打千（行礼时左膝前屈，右腿后弯，上体稍向前俯，右手下垂）、作揖（两手合抱，拱手为礼）、鞠躬（弯身行礼）等礼节。

辛亥革命以后，封建君主制度结束了，跪拜礼这种充满封建色彩的礼节才消失。

春节的习俗

春节，是农历的岁首，我国的夏朝和汉朝直至辛亥革命前都称为元旦，它是我国古老的传统节日。古代过年不是在腊月二十九日或三十日，而是在"腊日"，即后来的"腊八"。南北朝以后，把"腊祭"移至岁末。到了民国时，改用阳历，才把阴历年叫做"春节"，因为春节一般都在"立春"前后。

我国古代过年，主要的行事是打鬼。"腊八"吃"腊八粥"，在宫廷和民间都要打鬼，腊月二十三祭主宰吉凶祸福的"灶王爷"以求衣食温饱。

这期间还要扫除污秽，预防疾病。三十日要贴门神、对联、挂旗、吃饺子、放鞭炮，除夕"守岁"，大年初一相互拜年祝福。

腊月三十那天，人们为什么要在门上糊上门神呢？有这样一种传说：唐太宗有一天生了病，梦中听到"鬼"叫，睡卧不宁。大将秦叔宝和尉迟恭知道后，全身披挂，手执兵器，侍卫门旁。当夜唐太宗没再作噩梦。以后，他命画工画了秦叔宝和尉迟恭的像挂在宫门上，称作门神。后来众人仿效，也贴此像以避邪恶。

春节时张贴对联由来已久。对联源于古代的桃符。据《淮南子》记载，桃符是用桃木制成的。五代时后蜀宫廷开始在桃符上题写联语。后主孟昶曾题道："新年纳余庆，嘉节号长春。"据说，这是我国最早的一副对联。明代朱元璋建都南京后，曾令各家贴对联。清人所著《燕京岁时记》中说："春联者，即桃符也。自入腊以后，即有文人墨客，在市肆檐下，书写春联，以图润笔。祭灶之后，则渐次粘挂，千门万户，焕然一新。"可见，自五代以后，欢庆的祝辞，换掉了难以捉摸的符咒。后来，桃符为大红纸张书写的春联所代替。

过春节为什么又叫过年呢？相传，中国古时候有一种叫夕的怪兽，头长触角，凶猛异常。经常吞食牲畜伤害人命。以致于村村寨寨的人们扶老携幼逃往深山，以躲避夕兽的伤害。

这年除夕，桃花村的人们正扶老携幼上山避难，一片匆忙恐慌。这时，村外来了个小孩，见着一位老婆婆问起缘由。小孩子听后笑道："婆婆，我的名字叫做年，让我在家呆一夜，我一定把夕兽撵走。"老婆婆惊目细看，见他气宇不凡。可她仍然继续劝说，年笑而不语。婆婆无奈，只好撇下家，上山避难去了。

半夜时分，夕兽闯进村，它发现村里气氛与往年不同：村东头老婆婆家，门贴大红纸，屋内烛火通明。夕兽浑身一抖，怪叫了一声。朝婆婆家怒视片刻，随即狂叫着扑过去。将近门口时，院内突然传来砰砰啪啪的炸响声，夕兽浑身战栗，再不敢往前凑了。原来，夕兽最怕红色、火光和炸响。这时，婆婆的家门大开，只见院内一位身披红袍的年在哈哈大笑。夕兽大惊失色，狼狈逃蹿了。

第二天，避难回来的人们见村里安然无恙，十分惊奇。这时，老婆婆才恍然大悟，赶忙向乡亲们述说了年的许诺。乡亲们一齐拥向老婆婆家，只见婆婆家门上贴着红纸，院里一堆未燃尽的竹子仍在"啪啪"炸响，屋内几根红蜡烛还发着余光。欣喜若狂的乡亲们为庆贺吉祥的来临，纷纷换新衣戴新帽，到亲友家道喜问好。这件事很快在周围村里传开了，人们都知道了驱赶夕兽的办法。为此，大家纷纷都去拜会年，也就是现在的"拜年"（拜年的由来），并把年除掉夕的这一天叫做除夕（除夕的由来）。

从此每年除夕，家家贴红对联、燃放爆竹；户户烛火通明、守更待岁。初一一大早，还要走亲串友道喜问好。这风俗越传越广，成了中国民间最隆重的传统节日"过年"。

压岁钱探源

"百十钱穿彩线长，分来角枕自收藏，商量爆竹饧（糖）箫价，添得娇儿一夜忙"，这是前人描写分到压岁钱时的喜悦心情的一首诗。

压岁钱最早出现于唐代宫廷内。据王仁裕《开元天宝遗事》记载，唐玄宗天宝年间，"内廷嫔妃，每于春时，各于禁中结伴三人至五人掷钱为戏"（唐代春节是"立春日"，当时正月初一叫"元旦"是宫内相互朝拜的日子，并不流传于民间）。王建的《宫词》说："宫人早起笑相呼，不识阶前扫地夫，乞与金钱争借问，外头还似此间无。""宿妆残粉未明天，总立昭阳花树边；寒日内人长打白，库中先散与金钱。"唐代宫廷内春日散钱之风是很盛的。

王建《宫词》也有描写"妃子院中初降诞，内人争乞洗儿钱"。洗儿钱除致喜外，主要还是长者给新生儿镇邪去魔力的护身符。赐钱新生儿的风俗逐渐从宫廷流传到民间，在宋代成为民间重要风俗之一。

宋元以后，正月初一取立春日为"春节"而代之，不少原立春日风俗移到正月初一的春节上，洗儿钱风俗又和春日散钱风俗混合在一起，演变为今天所见的压岁钱风俗，不过早期压岁钱并不用流通货币，而是一种特制的不能流通的币制，叫"压胜钱"，到清代，"儿童度岁，长者与以钱，贯用红，置之卧所，曰'压岁钱'"。

元宵节

每年的正月十五，是我国人民传统的元宵节。每逢这一天，家家户户要挂彩灯、放焰火，大街上高挂千万盏琳琅满目的花灯，东北和新疆等寒冷地区，还要制作千姿百态的冰灯，到了晚上，一家老小围坐在一起，品尝各种元宵的风味。那么，这个有趣的节日，是从什么时候开始的呢？

元宵节起源于 2000 多年前的汉朝，古时候，人们称元宵节为灯节、上元、灯夕或者灯期。因为上元之夜，又称为元夜或元宵，因此后人才管正月十五又叫元宵节。其实正月十五这个节日，起初是由灯引出来的。西汉以前，皇帝的宫殿里到处是花花绿绿的宫灯，汉武帝在创造《太初历》时，就把正月十五日作为一个重大的节日。每逢这一天，皇宫里的所有灯盏，都要大放光明。当时，元宵节玩灯、赏灯，还仅仅局限于深宫禁苑，并没有形成一种民间风俗。

元宵节成为万民同庆的灯节，乃是唐朝之后的事。由于唐朝前期的政治稳定，经济繁荣，老百姓安居乐业，唐朝的皇帝便把宫内的花灯，搬到大街上展览，并且亲临观赏。比如唐明皇李隆基曾命人制作了一盏高一百五十尺的彩灯，被人们称为灯楼。皇帝一带头，皇亲国戚们更是争先恐后，极为炫耀。杨贵妃的姐姐韩国夫人，令人制作的百枝灯树"高八十尺，立之高山，上元点之，百里皆见"。另外，每逢正月十五这一天的晚上，皇帝还要大宴群臣，酣歌曼舞，彻夜游乐。因此，君主统治者的玩灯、赏灯，乃是一种独特的享乐。当时，首都长安规定，为维护首都的治安，每天夜晚街鼓鸣响以后，所有行人要回到家里。但是，每年的正月十四、十五、十六三天夜晚，长安城内却允许人们上街观游，尽情欢娱，直至天光大亮。这样一来，元宵节的玩灯、制灯、观灯，便逐渐形成了一种民间的风俗。这种风俗历经百代而不衰，而且一度曾愈闹愈烈。宋朝以后，灯期由三日延长至五日，到了明代竟延长至十日。灯节一到，大街小巷的灯市、灯社、灯谜、灯宴、赛灯会大放异彩，真正是红火热闹，各种花灯更是细巧精美，瑰丽生动，巧夺天工。

龙灯文化

每当听到潮州大锣鼓的演奏，犹如置身于松涛澎湃、海潮汹涌间，心遂春风，神怡情动，如醉如痴。

元宵节期间，潮汕地区那些平时也不容易看到的民间传统艺术活动开展活跃：如"英歌"、"蜈蚣舞"、"四龙争春"等。"蜈蚣舞"闪光耀彩，气氛神秘。这种舞的道具全长 20 多米，以竹篾扎成骨架，蒙以素绢，精工彩绘，赭身绿脚，装饰着红绿相间的彩灯，由 20 多个身着绿衣裤的青年，各擎一节，按照规定的各种步法，舞动起来，并不断喷射出彩色焰火，流光溢彩，神秘奇幻，最后"翻身吐珠"。据说，这种"蜈蚣舞"在澄海县农村流传，已有上百年的历史；20 世纪 40 年代，曾应邀到香港太平山表演"蜈蚣爬山"，轰动了整个港九。"四龙争春"气势飞动，热烈壮观。两条青龙，两条更大更长的金龙，在炽烈的鞭炮声和焰火腾烟中翻滚，变化万千。

中国文化的渊源是以龙为标志的。过去的历史研究表明，中华民族文化的摇篮，在黄河流域。所以，中原文化，就成为中华民族文化的代表，中原以北，称为胡，中原以南，称为蛮。人们曾经想到"胡搅蛮缠"这个词，说不定是历史上中原的历代奴隶制王国和封建制帝国，因北讨南征又屡不奏效造成困扰而发出的叹息。有人作过调查，20 世纪 80 年代全国的"舞龙"有 40 多种。而古时被称为"蛮荒"之地的岭南区域，竟占有 36 种之多，其中特别著名的有纱龙、乌龙、火龙等，比之中原的龙灯，毫不逊色。

二月二，龙抬头

旧历二月初二，旧时被认为"龙抬头"日。传说古时候关中地区久旱不雨，玉皇大帝命令东海小龙前去播雨。小龙贪玩，一头钻进河里，不再出来。有个小伙子，到悬崖上采来了"降龙木"，搅浑河水。小龙从河中浮上，露出头来与小伙子较量，小龙被击败，只好播雨。这一天正是二月初二，后来人们便认为是"龙抬头"日。其实，所谓"龙抬头"指的是经过冬眠，百虫开始苏醒。所以俗话说："二月二，龙抬头，蝎子、蜈蚣都露头。"

二月二，还叫春龙节、龙头节。许慎的《说文解字》记载："龙，鳞虫之长，能幽能明，能细能巨，能长能短，春分登天，秋分而潜渊。"这大概是春龙节这一习俗的最早记载吧。

春龙节的来源，在我国北方民间还广泛流传着这样一个神话故事。

传说，武则天当上皇帝，惹恼了玉皇大帝，传谕四海龙王，三年内不得向人间降雨。不久，司管天河的龙王听着民间人家凄惨的哭声，看着饿殍遍野，为救黎民百姓，龙王违抗玉帝的旨意，为人间降了一次雨。玉帝得知，把龙王打下凡来，压在一座大山下受罪。山上立了碑，上面写道："龙王降雨犯天规，当受人间千秋罪。要想重登灵霄阁，除非金豆开花时。"

人们为了拯救龙王，报他救命之恩，到处寻找开花的金豆。到了第二年二月初二这一天，人们正在翻晒金黄金黄的玉米种子，猛然醒悟过来：这玉米就像金豆，炒一炒开了花，不就是金豆开花吗？人们商量好后，就家家户户爆玉米花，并在院里设案焚香，供上开了花的"金豆"，专让龙王和玉帝看见。龙王抬头一看，得知百姓救它，便大声向玉帝喊道："金豆开花了，快放我出去！"这时，玉帝一看人间家家户户院里金豆花开放，只好传谕，诏龙王回到天庭，继续给人间兴云布雨。

从此以后，民间形成了习惯，每到二月初二这一天，人们就爆玉米花吃。大人小孩还念着："二月二，龙抬头；大仓满，小仓流。"寄托着五谷丰登的愿望。

旧俗二月初二要举行许多活动。《析津志辑佚》载："二月二日谓之龙抬头，五更时，各家以石灰于井畔周遭掺（饭粒）引白道，直至家中房内，男子妇人不扫地，恐惊了龙的眼睛。"《帝京岁时记胜》说："二日为龙抬头日，乡民用灰（草灰）自门外蜿蜒布入宅厨，旋绕水缸，呼为引龙回（引勤龙，送懒龙）。"传说二月二为"土地"的生日，许多人到土地庙祭祀"土地老"。

早年私塾学生在二月初二进书房，取"占鳌头"之意。还有熏床炕令百虫不生和出嫁女回娘家、不做针线活儿等习俗。由于天气转暖，孩子们从二月初二开始到户外活动。

二月初二的吃食是很讲究的。这些食物都和龙虫相联系。吃春饼叫吃"龙鳞"；吃捞面叫吃"龙须"；吃馄饨叫吃"龙眼"；吃饺子叫吃"龙耳"；吃煎糕叫吃"熏虫"。最有意思的是这天煮猪头。这猪头是腊月里杀猪时割下的，割下后就吊在房梁上，一动不动，直到二月初二才摘下来洗涮蒸煮。这一天，家家院子里都弥漫着肉香，等待龙的醒来。据说，这一天如果龙还没醒的话，那轰隆隆的雷声就要来呼唤它了。

花朝节

农历二月十五日为"花朝节"。花朝，即百花的生日。真个是："百花生日是良辰，未到花朝一半春，年年二月凭高处，不见人家只见花。"吴自牧《梦梁录》载："浙间风俗，以为春序正中，百花争放之时，最堪游赏……此日帅守、县宰率僚佐出郊，召父老赐酒食，劝以农桑，告谕勤劬，奉行虔恪。"据说唐宋时，洛阳周围和洛河两岸，花连阡陌，满城飘香，这一天人们竞相出游。

曲水流觞

晋永和九年（公元353年），三月初三上巳日，大书法家王羲之偕同亲朋好友谢安、孙绰等41人，在绍兴兰亭修禊，还举行了"曲水流觞"活动，饮酒赋诗，引为佳话。

上巳，是指夏历三月的第一个巳日。这是我国民间一个被除祸灾、祈降吉福的节日。远在周代就有水滨袚禊之俗，朝廷中指定专职女巫掌管此事。袚，是被除病气；禊，是修洁、净身。袚禊是通过洗濯身体，达到除去凶疾的一种祭仪。每年春秋两季，人们都要相约到"东流水上自洁濯"。也就是沐浴一番。

到了汉代，三月上巳，才确定为节。每逢这一天，不仅民间百姓去水边洗濯，连宫廷帝王后妃也去临水除垢，袚除不祥。后来，此俗演变为临水宴宾。魏晋以后，将上巳正式定为夏历三月三日即春禊，作为重要的节令，所有临水袚禊及水滨宴会活动都在这天进行。

"曲水流觞"活动，就是在上巳节中派生出来的一种风俗。人们举行袚禊仪式后，就坐在环曲的水渠旁，在上流放置酒杯，任其顺流下去，杯停在谁面前，谁就取饮，彼此相与为乐，因此称为"曲水流觞"。觞是古代盛酒的杯子，通常为木制，底部有托，小而轻，可以浮在水中。也有用陶制的杯，两边有耳，又称"羽觞"。因体积比木杯重，要放在荷叶上，让它浮水而行。

王羲之在兰亭举行的修禊活动，在历史上最为出名。他们在清溪旁席地而坐，将盛了酒的觞放入溪中，由上游徐徐而下，经过弯弯曲曲的溪流，觞在谁面前打转或停下，谁就即兴赋诗并饮酒，作不出诗的要罚酒。在这次游戏中，有 11 人成诗两篇，有 15 人成诗一篇，有 16 人没有成诗，各饮酒 3 觥。活动后，王羲之将大家的诗集起来，用蚕茧纸，鼠须笔挥毫作序，乘兴而书，写下了举世闻名的《兰亭集序》，被后人誉为"天下第一行书"，尊他为"书圣"。后人也把《兰亭集序》碑帖，称之为《禊帖》。

在绍兴，"曲水流觞"活动带来的咏诗饮酒的雅俗，一直盛传不衰。从元代诗人杨廉夫在卧龙山"西园"建立的"龙山诗巢"到明代徐文长和沈青霞等 10 人结社唱和。一直到今天，每年夏历三月初三，中外书法家也要到绍兴兰亭聚会，泼墨挥毫，咏诗论文，纪念王羲之，并进行"曲水流觞"游戏。

"曲水流觞"这一活动习俗还传到了日本。早在公元 958 年，日本福冈县太宰府天满宫，就首先仿效兰亭"曲水流觞"，举办了"曲水宴"。仪式十分隆重，与会者还穿上了仿古服装，进行洗尘（修袚）礼仪，跳起巫女神乐舞，再进行"曲水宴"。

寒食节

旧俗以清明前一天（一说清明前两天）为"寒食节"。传说春秋时晋文公回国即位后，许多曾经随从他流亡国外的臣子，纷纷自我报功，因而得到了重赏。其中只有介子推不愿封官，没有向晋文公报功，而且携带老母隐居绵上（今山西介休东南）。晋文公知道了，要封他做官，因找不到他，想用烧山的办法使他下来。但介子推坚决不肯下山做官，结果母子两人被火焚死。于是，晋文公规定要在每年的这一天禁止用烟火烧饭，以寒食表示悼念。后来我国各地在这天都有扫墓、踏青、插柳、寒食等风俗，并把绵山所在的县改名为介休县，意为介子推永远休息之地。汉代把这一天定为"禁烟节"，家家不能举火。到了晚上，由宫中点火燃烛，再将火种传到贵戚大臣之家。唐代诗人韩翃曾写诗记载此事，全诗为：

春城无处不飞花，寒食东风御柳斜。

日暮汉宫传蜡烛，轻烟散入五侯家。

清明节

每年公历 4 月 5 日前后，是我国的传统节日——清明节。它是我国农历的二十四节气之一。这时候，我国的大部分地区气温转暖，万物萌发，让人感到格外清新明洁，因此叫做清明。中国自古以来，绝大部分地区人死后都是土葬，做有坟墓，后人常在坟上种点树木，以资保护，同时作为纪念标志。经过一年的风吹雨洗，坟墓本身不免土壤流失，树木凋残，因此，到了春日清明，后人前去看望，称为上坟，又叫扫墓，带去食物供奉，并整修坟墓周围，久之，便成为清明祭扫风俗。

清明有折柳戴柳的习惯，相传始于唐朝。唐高宗于三月三日游春渭阳，"赐群臣柳圈各一，谓戴之可免虿毒"。后来，江南百姓将此演化为插柳。每逢清明，家家户户将柳条插在井边，"井井有条"的成语即源于此。这也是清明植树的起源。我国规定的首次植树节是在 1915 年，规定每年清明节为植树节。1929 年把植树节改为 3 月 12 日，这一天是孙中山先生逝世纪念日，至今延续未改。

端午节

端午节的起源有 9 种说法：第一说认为端午节是纪念伟大爱国诗人屈原逝世。第二说认为唐玄宗李隆基农历八月初五生，端午节是为了庆祝他的生日。第三说认为端午节是龙的生日，来源于吴越一带人民原来举行图腾祭的节日。第四说认为是纪念伍子胥的。第五说认为端午起源于夏、商、周时期的夏至节。第六说认为端午源于祓日，端午的许多习俗都是为了镇妖避邪。第七说认为端午南、北方意义不同，南方纪念屈原，北方则是游春节日。第八说是认为纪念沔阳的四位劫富济贫的豪杰。第九说认为源于纪念东汉时期的孝女曹娥。

当然，最流行最为一般人所接受的是第一种说法：

据《史记·屈原贾生列传》记载，屈原是春秋时期楚怀王的大臣。他倡导举贤授能，富国强兵，力主联齐抗秦，遭到贵族子兰等人的强烈反对，屈原遭谗去职，被赶出都城，流放到沅、湘流域。他在流放中，写下了忧国忧民的《离骚》、《天问》、《九歌》等不朽诗篇，独具风貌，影响深远（因而，端午节也称诗人节）。公元前278年，秦军攻破楚国京都。屈原眼看自己的祖国被侵略，心如刀割，但是始终不忍舍弃自己的祖国，于五月五日，在写下了绝笔作《怀沙》之后，抱石投汨罗江而死，以自己的生命谱写了一曲壮丽的爱国主义乐章。

传说屈原死后，楚国百姓哀痛异常，纷纷涌到汨罗江边去凭吊屈原。渔夫们划起船只，在江上来回打捞他的真身。有位渔夫拿出为屈原准备的饭团、鸡蛋等食物，"扑通、扑通"地丢进江里，说是让鱼龙虾蟹吃饱了，就不会去咬屈大夫的身体了。人们见后纷纷仿效。一位老医师则拿来一坛雄黄酒倒进江里，说是要药晕蛟龙水兽，以免伤害屈大夫。后来为怕饭团为蛟龙所食，人们想出用楝树叶、苇叶或荷叶包饭，外缠彩丝，发展成棕子。

以后，在每年的五月初五，就有了龙舟竞渡、吃粽子、喝雄黄酒的风俗，以此来纪念爱国诗人屈原。

七夕节

七夕节是中国的传统节日之一，"夕"是夜晚的意思，七夕就是农历七月初七的夜晚。七夕节起源于牛郎织女的传说。牛郎是个放牛青年，织女是天上的仙女。织女觉得天上没有自由就来到了人间。牛郎在老牛的帮助下，与织女见了面，很快相爱结婚，生出一男一女。可是有一天王母娘娘把织女抢走了，当牛郎担着两个孩子到天上追织女的时候，王母娘娘用她头上的玉簪划出了一条银河，这条银河又长又宽，牛郎过不去，他们就这样被分开了。王母娘娘只许牛郎和织女每年七月初七见一次面。每到七月初七夜里，成群的喜鹊都飞来给牛郎织女搭桥，让他们在桥上见面，这就是七夕节的来历。七夕节又叫女儿节、乞巧节。在中国大陆北方，有些农村有这样的风俗：在七月初七这一天，摆上瓜果，向织女乞巧。也就是说，希望织女把一手巧艺传给人间。在民间还有另一种风俗，就是每到七月初七这一天，就把新出嫁的闺女接回娘家。怕王母娘娘看到新婚夫妇的幸福生活后，强迫他们分开，人们用暂时分离的办法，避开王母娘娘，以求长久的团圆。所以这一天又叫避节。因为七月正是多雨的季节，所以七月七也常下雨，人们说那是牛郎织女会面时流下来的眼泪。还传说这一天如果有人坐在葡萄架下，就能偷看牛郎织女相会的场面和听到他们的谈话。

中秋节

农历八月十五，是我国传统的中秋节。中秋的来历，唐朝欧阳詹是这样解释：秋天在夏冬两季之间，八月居秋季之中，十五又是八月的月半，故而得名。民间俗称八月节。早在汉代，我国就有了"秋节"了。不过不是在八月十五，而在立秋之日。到了宋代，关于中秋节的记载就多起来了，成为我国仅次于春节的第二大节。中华民国元年，曾行文把中秋法定为"秋节"："阴历四节，藉度民时，以元旦为春节，端午为夏节，中秋为秋节，冬至为冬节。"至今，中秋节仍是民间四大传统佳节之一。在中秋节，中国人民还有吃月饼的习俗。关于月饼的来源，有这样一个传说：乾隆皇帝下江南，游到杭州正值中秋，有人献上甜饼，乾隆一边赏月，一边品尝，连声称赞："好月，好饼，中秋良宵也。"从此，甜饼成了月饼。这种传说把月饼的得名归于皇帝一人恐怕是没有多少道理的。每逢中秋，江苏一带人民就用月饼招待归家的亲人，此习由来已久，后来这种风俗流传到全国。月饼也称为"团圆饼"。中秋节亲人团圆是相沿已久的习俗，故俗称"团圆节"。这一天晚上，全家人一边赏月，一边品尝月饼。如亲人在异地，就同时望着月亮表达思念之情。宋代大词人苏轼为怀念弟弟曾于中秋写下了"但愿人长久，千里共婵娟"的名句。

中秋的传统习俗很多，自古有赏月、拜月和吃月饼等旧俗，但流传至今最广的就是赏月了。

古代赏月的习俗是，设瓜果、月饼等于庭院，观赏明月和桂花、秋海棠等，这一习俗源于西周。当时，宫廷在镐京（今陕西西妥）城西设月坛，方四丈，每逢中秋之夕，帝王穿白衣，骑白驹前往祭祀。《龙城录》记载，唐代开元六年（718年），唐玄宗梦游广寒宫，见十余名仙娥皆穿衣，乘坐白鸾，歌舞于桂树之下，乐音清丽。玄宗素解音律，遂记其声，编律成音，这就是著名的霓裳羽衣舞曲谱的由来。

相传自从唐明皇遨游月宫后，宋代中秋赏月之风气更盛。当时，文人学士崇尚朱熹儒家理学，时兴身穿素服，在中秋赏月时观看仙鹤翩翩起舞。南宋周密在《癸辛杂识》中说，中秋之夕，帝王在京都临安德寿宫内桥上赏月。宫中池塘盛开白色莲花，池上之桥以莹澈如玉的砖石砌之，并以金钉铰。至于帝王在桥上赏月欢宴时所用的御几、御榻以及瓶、炉、酒器等，皆以水晶制成，与月色相映成辉。池之两岸宫女和教坊乐工用白玉笙等乐器奏乐，其中吹笛者就多达200人。

南宋临安中秋赏月的另一奇观就是钱塘江潮，每逢八月十五至十八，海潮为最盛。《乾淳岁日进记》等记载，淳熙十年（1183年），宋孝宗观潮，只见在月光下，海潮"初仅如银线，既而渐近，则玉城雪岭"，犹如千军万骑簇拥而来，不可卒遏；又有善泅的舟人、渔民数百人，皆披发文身，手持十幅大彩旗，出没于鲸波万仞之中，迎潮而上，谓之弄潮，腾身百变，而旗不沾湿，以此夸能。

元代，《元氏掖庭记》记载，至大二年（1309年）中秋之夕，元武宗与诸妃嫔泛舟于禁苑太液池，"月色射波，池光映天，绿荷含香，芳藻吐秀，游鱼浮鸟，竞戏群集"。又有彩帛装饰华丽之小舟，在池上采摘菱、莲蓬，轻快便捷，往来如飞。

明、清两代，民间在中秋祭月时除供瓜藕、月饼外，还置月宫符像，上画月神和月宫，金碧缤纷；又供彩塑"兔儿爷"，状如将军，头戴冠帽，身披甲胄，或骑于虎背上，或身后插旗幡，俨然大将风度，粗拙可爱。在江苏扬州、苏州等地，游人于中秋之夕泛舟于江河之上，或聚集在桥上赏月。广东南雄则以大柚子剔刻成柚灯，内燃以烛，与月色争辉。

重阳节

"九九重阳"的说法，最早见刊《易经》，该书以阳爻为九，把九列为阳数，重阳节的月和日恰逢双九为阳，两阳相重，故名重阳节。屈原有"集重阳入帝宫兮"的诗句，说明重阳节在2000多年前的战国时代已形成风俗。

重阳节风俗很多，如登高、插茱萸、赏菊、饮菊花酒。重阳登高，最早见于梁代吴均《续齐谐书》大意是，东汉时，汝南汝河一带瘟魔为害，疫病流行，呻吟痛苦之声遍布。有个名叫桓景的人，历经艰险入山，拜费长房为师，学消灾救人的法术。一天，费长房告桓景："九月九日瘟魔又要害人，你快回去搭救父老亲人。"并告他："那天登高，再把茱萸装入红布袋里，扎在胳膊上；喝菊花酒，就能挫败瘟魔，消除灾殃。"桓景回乡，遍告乡亲，于九月九日那天，汝河汹涌澎湃，云雾弥漫，瘟魔来到山前，因菊花酒气刺鼻、茱萸异香刺心，难于靠近。桓景挥剑激战，斩瘟魔于山下。傍晚，人们返回家园，家中"鸡犬牛羊，一时暴死"，而人们却免受灾殃。从此，重阳登高避灾的风俗，就世代相传了。

历代诗人骚客对重阳节的登高、饮酒等写过不少激动人心的诗词。曹丕有"岁月往来，忽复九月九日"之句。李白《九日登巴陵望洞庭水师诗》："九日天气晴，登高无秋云，造化辟山岳，了然楚汉分。"孟浩然《秋登兰山寄张五》："天边树若荠，江畔舟如月，何当载酒来，共醉重阳节。"

腊八节

十二月初八日叫"腊八节"，又叫"佛成道节"。据周密《武林旧事》卷三记载："八日，则寺院及人家用胡桃、松子、乳蕈、柿、栗之类作粥，谓之腊八粥。"相传佛教创始人释迦牟尼游历名山大川寻道，来到摩揭陀国时，在一棵菩提树下静坐沉思，终于在十二月八日得道成佛。每到这一天，群僧集会，诵经演法，取香谷及果实等造粥供佛，以资纪念。

抛彩球的来历

我国古典小说和戏曲中，经常讲到抛彩球成亲的故事。其实，这是少数民族的一种风俗，在中原地区并不通行。自宋以来，有好些著作记载这种风俗，这里以柯绩丞所写的《竹枝词》为例。这首诗讲云南傣族的风俗说：时样衣裳趁体妍，绣球抛掷早春天。邻家姐妹齐声贺，恰中多情美少年。

这首诗写得非常具体生动。除傣族外，贵州苗族等也有类似的风俗，古代有些作家，可能就根据这种风俗创作了抛彩球成亲的故事。

图腾概说

图腾（Totem），从北美印第安人鄂吉布瓦人的方言转化而来，意谓"彼之亲族"、"种族"等等。图腾信仰与母系氏族社会共存。那时，图腾信仰是占有支配地位的思想意识，或者说是一种图腾世界观。它认为，人与某种动物、植物或无生物之间有一种特殊的血缘关系，每个氏族发端于这种动物、植物或无生物，因而它成了该氏族的共同祖先和保护神，成了该氏族的徽号、标志和象征。也因此，图腾崇拜成了原始宗教的一种形式。

在原始宗教中，自然崇拜大约是最早的一种。随着人类征服自然能力的提高和认识水平的进步，人类抽象思维、幻想活动进一步发展。在自然崇拜中，人们逐渐发现有少数自然现象与自己有一种特殊的关系，如饥饿时某种动植物可提供急需，而某些动物又对人类具有威胁，使人们诚惶诚恐。在此情况下，人们很容易将这些自然现象看作是自己生命攸关的神灵。同时，当时人类正处于母系氏族方兴未艾之时，子女知其母，不知其父，搞不清性交与生育的因果关系。常常把上述神灵看作是自己的来源之一，从而产生了图腾信仰。每个氏族选择作为本氏族图腾的崇拜对象，往往是与各个氏族的生产和生活有密切关系的动植物或无生物。

图腾是与母系氏族同时产生的，并且随着氏族的发展而发展。当一个氏族发展为两个以上的氏族时，原来氏族图腾就演变为胞族图腾，新生或女儿氏族则有了新的图腾。如傈僳族有一个熊氏族后来发展为3个女儿氏族，跟随而来的出现了狗熊、猪熊和大熊3个图腾。随着母系氏族的解体，图腾信仰也逐渐退出历史舞台。最初的图腾形象就是图腾的自身形象，蛇就是蛇，虎就是虎，后来才是半人半兽的形象，如狗首人身、人头蛇身等，最后才是图腾的神圣化，如龙、凤等。

在我国新石器时代考古工作中，有关图腾资料出土不多，也许已有不少出土但尚没有被认识。从目前的考古资料看，也有蛛丝马迹可寻。如北京平谷县上宅遗址出土一种鸟首形镂孔陶柱，很可能是一种鸟图腾柱，以备供奉之用。在西安半坡遗址发现几件人面鱼纹，不少学者认为它是半坡氏族信仰鱼图腾的反映。在长江下游发现的河姆渡文化遗址中出土的一些工具、器皿和陶器上有不少鸟形象，绍兴出土的战国铜房脊上，还有一个鸟图腾柱装饰。这是越族先民信仰鸟图腾的有力见证。更为有趣的是，在辽宁红山文化和山西龙山文化中均出现了龙的形象，说明我国有关龙图腾的传说是确有其事的。

近代许多后进民族都保留着不少图腾信仰的"活化石"。我国台湾高山族信仰蛇、山羊等图腾；壮族以龙、鸟、蛙、枫树为图腾；鄂伦春族以熊为图腾；普米族以虎为图腾；彝族以虎、葫芦、竹子、獐为图腾；傈僳族以虎、蜂、鼠、熊、猴、羊、竹为图腾；怒族以虎、蛇、蜂、麂子、鼠为图腾；瑶族和苗族以龙、狗、枫树为图腾；湖南湘西有些苗族修筑盘瓠庙，供奉盘瓠，每年都举行祭祀，其间还要进行龙舟竞渡；畲族信奉狗图腾，他们把图腾绘在画上，号称祖图，祭祀时要唱狗皇歌，叙述狗与畲族的骨肉之情，歌颂狗对畲族的种种恩惠。

在古史研究中，把某种动植物或无生物定为图腾属性，应该慎重从事：①看它是否是图腾时代的产物；②看它有无图腾的若干特征。无论是考古资料或民族学资料，都说明图腾是有特定含义的，而且有若干特点：

第一，每个氏族都有自己的图腾，这个图腾的名称后来演变为姓。汉族百家姓中有不少姓就渊源于图腾，少数民族也有类似情形。每个氏族都喜欢在有关工具、家具、衣饰、住宅上雕绘本氏族的图腾形象，有些还雕成巨大、神秘和精美的图腾柱作为氏族的象征。

第二，认为本氏族为该图腾所生，两者有一定的血缘关系，并且创造不少图腾神话，人们常常从所信仰的图腾中引出自己的世系。如内蒙古陈巴尔虎旗的鄂温克族每个氏族都有自己的图腾起源传说，分别信仰水鸟、小鸟、鹰和天鹅图腾。

第三，对本氏族图腾有一套祭祀活动，如畲族的祭祖仪式，苗族的拜盘瓠庙，都是以祭祀狗图腾为中心展开的宗教活动。壮族有一个青蛙节，是祭祀青蛙图腾，祈求农业丰收。最初的祭祀等活动是由氏族长兼任的，后来才有专门的巫师，并且以图腾作为自己的主神。

第四，每个氏族对自己的图腾有若干禁忌，如禁说图腾名字、禁杀、禁食，甚至禁止触摸图腾。而本氏族禁杀的动物，其他氏族则可猎取。当时动物很多，图腾各异，对动物、甚至植物起了一定的保护和调解作用，这对生态环境是有一定益处的。

上述图腾特点对我们识别和鉴定远古图腾形象有重要帮助，也就是说，若确定某种事物为图腾，不仅要考虑到社会背景，观察其形象，还要看它是否具备若干特点，从而才能将图腾与一般动植崇拜或者动植形象区别开来。也许有人问：中国有没有一个统一的图腾呢？有人说有，有人说无。有人说龙凤或龙虎就是这种统一图腾的象征。其实世上没有各民族共同信仰的统一图腾。众所周知，图腾信仰盛行于母系氏族社会，当时各部落尚处于分散、独立的状态，彼此缺乏来往，当时不能、也不可能有一个共同的图腾。事实告诉我们，无论是考古发现的仰韶文化、河姆渡文化，还是传说时代的华夏、东夷、三苗，他们决不可能是信仰一种图腾，而是各自信仰不同的图腾。就是夏族、商族、周族也是由许多氏族或图腾发展演变来的。近代我国各族的图腾史也是如此。偌大一个中华民族怎么能有一个统一图腾呢！至于说我国文明时代常见的艺术主题——龙凤或龙虎形象，与其说是统一图腾，莫如说它们来源于图腾更确切些，而且是与王权的提倡有重要关系。因此，龙凤和龙虎都不是原来意义上的图腾。

当时氏族是一个生产、生活单位，也是同一血缘和同一图腾信仰单位。因此，通常又称母系氏族社会为图腾时代。在当时条件下，图腾信仰对巩固和发展氏族制度，实行氏族外婚制均起过进步作用，对当时的经济、文化、艺术、建筑也有重要的影响。所以，认真搜集和研究我国的图腾制度，不仅是宗教史和艺术史的重要课题，也是解开远古之谜的一把钥匙。

佛　教

佛教，世界三大宗教之一，发源于距今约 2553 年前的古印度。佛教的创始人是释迦牟尼佛，这个名号是印度梵语音译过来的，释迦是仁慈的意思，牟尼是寂默的意思，寂默也就是清净的意思，佛是觉悟的意思。释迦牟尼佛是北印度人，就是现在的尼泊尔，它在印度的北方，西藏的南部。

东汉明帝永平十年（67 年）明帝夜梦金人飞行殿庭，明晨问于群臣。

太史傅毅答说：西方大圣人，其名曰佛；陛下所梦恐怕就是他。明帝就派遣中郎将蔡愔等18人去西域，访求佛道。蔡愔等于西域遇竺法兰、摄摩腾两人，并得佛像经卷，用白马驮着共还洛阳。明帝特为建立精舍给他们居住，称做白马寺。于是他们在寺里译出《四十二章经》。这是汉地佛教初传的普遍说法。

"佛"是一个理智、情感和能力都同时达到最圆满境地的人格。换句话说：佛是大智、大悲（或谓全智、全悲）与大能的人。简单的说，佛就是"觉者"，"一个觉悟的人"。也许更明确一点，应该说佛是一个对宇宙人生的根本道理有透彻觉悟的人。

佛教自东汉传入中国以后，千余年来一直是中国人民的主要信仰，其间经历代高僧大德的弘扬提倡，许多帝王卿相、饱学鸿儒也都加入这个行列，终于使佛教深入社会各个阶层。它的信仰深入民间，曾经"家家阿弥陀，户户观世音。"正是忠实的写照；而佛教的哲理部份则与儒、道等相结合、相融会、相激荡，然后汇入了中华文化源远流长的大海里，形成了中华文化的主流之一，为中华文化放射出灿烂辉煌的光芒。

禅 宗

禅宗以菩提达摩为中国始祖（达摩大师是印度禅宗第28代祖师，中国初祖），故又称达摩宗；因其得佛心印为佛陀之正统法脉，又称为佛心宗。达摩于北魏末活动于洛阳，倡二入四行之修禅原则，以《楞伽经》授徒。传法弟子为二祖慧可，慧可之传法弟子为三祖僧璨，其传法弟子为四祖道信。道信传法弟子为五祖弘忍，立东山法门，为禅宗五祖。门下分赴两京弘法，名重一时。其中有神秀、传法弟子六祖惠能二人分立为北宗渐门与南宗顿门。神秀住荆州玉泉寺，晚年入京，为三帝国师，弟子有嵩山普寂、终南山义福；惠能居韶州曹溪宝林寺，门下甚众，以惠能为六祖。后为禅宗正宗。皇帝亲赐六祖慧能大师谥号为大鉴禅师，其传法弟子颇多，如：南岳怀让禅师、青原行思禅师、永嘉玄觉禅师等，证悟者40余人，开悟者不计其数。之后南岳怀让禅师之得法弟子，马祖道一禅师对中国佛教有着极大的贡献，他确立了丛林制度，规范了道场，马祖道一禅师之传法弟子百丈怀海禅师更制定清规规范门人，故佛教称之为"马祖建丛林，百丈定清规"，直到今天依然大体上不变，每天之早晚二课，也是始于这个时候。百丈怀海禅师之传法弟子有黄檗希运禅师及仰山灵佑禅师，都是至今还影响着佛教界的祖师大德！自六祖后不再传大位，也就是说没有第七祖，因为禅宗真正要传的法脉不是衣钵而是心印，心印延续至今，不曾断绝，一代代的祖师大德们，至今都延续着六祖的顿教大法。

六祖慧能是禅宗的发扬光大者，提倡心性本净、佛性本有、直指人心、见性成佛。慧能以后，禅宗广为流传，于唐末五代时达于极盛。禅宗使中国佛教发展到了顶峰，对中国古文化的发展具有重大影响。

道 教

道教是中国本土宗教。因以"道"为最高信仰，认为"道"是化生宇宙万物的本原，故名。东汉张道陵创立的"五斗米道"为道教的定型化之始。尊称创立者之一张道陵为天师，因而又叫"天师道"。奉老聃为教祖，尊称"太上老君"。以《道德经》、《正一经》和《太平洞经》为主要经典。奉三清为最高的神。

道教的教义与中华本土文化紧密相连，深深扎根于中华沃土之中，具有鲜明的中国特色，并对中华文化的各个层面产生了深远影响。

道教以"道"名教，或言老庄学说，或言内外修炼，或言符箓方术，认为天地万物都由"道"而派生，即所谓"一生二，二生三，三生万物"，社会人生都应法"道"而行，最后回归自然。具体而言，是从"天"、"地"、"人"、"鬼"4个方面展开教义系统的。天，既指现实的宇宙，又指神仙所居之所。天界号称有三十六天，天堂有天门，内有琼楼玉宇，居有天神、天尊、天帝，骑有天马，饮有天河，侍奉有天兵、天将、天女。其奉行者为天道。地，既指现实的地球和万物，又指鬼魂受难之地狱。其运行受之于地道。人，既指总称之人类，也指局限之个人。人之一言一行当奉行人道、人德。鬼，指人之所归。人能修善德，即可阴中超脱，脱离苦海，姓氏不录于鬼关，是名鬼仙。神仙，也是道教教义思想的偶像体现。道教是一种多神教，沿袭了中国古代对于日月、星辰、河海山岳以及祖先亡灵都奉祖的信仰习惯，形成了一个包括天神、地祇和人鬼的复杂的神灵系统。道教提倡无极、元极、太极，中庸即为'道'的教理，既中庸之道。

道术是道教徒实践天道的重要宗教行为，一般认为它有外丹、内丹、服食等内容。外丹，指用丹炉或鼎烧炼铅汞等矿石，制作人服后能"长生不死"的丹药。内丹，为行气、导引、呼吸吐纳之类的总称，指用人体作炉鼎，使精气神在体内凝结成丹而达到长生不死的目的。内丹之术自金元以后逐渐盛行，其渊源上溯至战国时代，对于中国的医学和养生学有过很大的影响。服食，指用服食药物以求长生。

和尚称谓的由来

佛教认为，人的生、老、病、死都是苦。苦的根源在于各种欲望。消除一切欲望，苦心修行，与世无争，忍受人世间的一切痛苦，死后灵魂即可升人"天堂"。佛教的人生处世哲学是主张一切调和，反对战争。"和"（即忍耐、服从）是佛教徒所崇尚并遵守修行的根本方法。"如来以'和'为尚"，意思是说如来佛以和平忍让顺从为高尚的态度，后人因此称他们为"和尚"，这很可能是一种附会。

比较准确的说法是，"和尚"是梵文 Upadhyaya 在古西域语中不确切的音译（准确的译音是"邬波驮耶"），梵文中的原意是对博士、亲教（亲承教诲）师的通称，最初在于阗疏勒等地。音译为鹘社、和社，后音转为和尚。尤其是佛教传入中原汉地以后就成为对佛教僧侣固定的称呼了。

八戒何指

猪八戒在我国已是家喻户晓、妇孺皆知。提起猪八戒，人们马上会想起长嘴巴、大耳朵、挺肚皮、呆头呆脑、贪吃贪睡的滑稽形象。很少有人想到八戒一词的本义。八戒，是佛教名词，全称"八关斋戒"、"八斋戒"，指佛教为在家的男女信徒制定的八条戒条。佛经规定这八条戒条为：
（1）不杀生；（2）不偷盗；（3）不淫欲；（4）不妄语；（5）不饮酒；
（6）不眠坐高广华丽之床；（7）不装扮、打扮及观听淫邪歌舞；（8）不食非时食（正午过后不吃饭）。这八戒，猪八戒恰恰反其道而行之，吴承恩塑造的这个形象，真是滑稽幽默。

六根清净

人们常用六根不净来形容某些积习未改，老毛病常犯的人。六根不净源于佛教名词"六根清净"。佛经以修行佛法的人达到眼、耳、鼻、舌、身、意六根于色、声、香、味、触、法六境不染着时，名"六根清净"。《水浒全传》第四回相关记载有："寸草不留，六根清净；与汝剃除，免得争竞。"

四大菩萨与四大名山

菩萨，在佛教中是仅次于佛的，它的宗旨是普度众生。隋唐以后，中国的佛教徒通过种种附会，逐渐请著名的菩萨东来定居，自立道场。慢慢形成了中国佛教的四大菩萨和四大名山。

文殊菩萨，全称文殊师利，他是智慧、辩才、威猛的象征。他的道场在五台山（因夏无炎暑，佛教又称其为清凉山，在今山西省东北部）。普贤菩萨，他是德行的代表，峨眉山（在今四川省峨眉县西南）是他的道场。观世音菩萨，观音是观世音的略称。观音是大慈大悲的菩萨，普陀山（今浙江省东部海中，属普陀县）是她显灵说法的道场。地藏菩萨，他是大愿菩萨，即尽孝道，担苦难，除疾病，在中国下层中信徒最多，道场在九华山（今安徽省青阳县西南）。

五百罗汉的来历

北京碧云寺、苏州西园、四川新都宝光寺、武汉归元寺等处，都有"五百罗汉堂"。你知道这500尊罗汉是根据什么形象塑造出来的吗？唐代高僧玄奘写的《大唐西域记》中，记载着这样一则故事：

摩揭陀国有1000个佛僧，其中，500个是凡夫僧，500个是罗汉僧。国王无忧王对他们很敬仰，一视同仁。所谓罗汉僧，是指那些断除了贪欲之念，已得正果，不受生死轮回的佛僧。这500罗汉僧平时不露真相，连无忧王也不知道他们是罗汉僧。在500凡夫僧中，有一个名叫摩诃提婆的，经常发表一些违背教规的言论，影响了一大批佛僧。无忧王很生气，想把1000个佛僧全部淹死。这时五百罗汉僧才各显本相，腾云驾雾而去，在迦湿弥罗国的一个山谷里隐居起来。无忧王知道后，又悔恨又惧怕，亲自到罗汉僧隐居的地方向他们承认自己的过错，并请他们回去。罗汉僧们不肯，无忧王便在国都建起一座寺庙，照500罗汉僧的模样塑造了500尊像，不时供奉。从此，"五百罗汉"像就流传下来，也传到了我国。

清真的由来

"清真"二字，是我国回族经常用的一个词。过去，泛称信伊斯兰教的民族为回回，把他们信仰的宗教叫"清真教"，现在专卖回民食品的商店，也标上"清真"二字，那么，"清真"二字是什么意思呢？

明末清初时的伊斯兰教学者王岱舆，是用汉文著书译著伊斯兰教义的早期著译家之一，著有《清真大学》等书，清初的伊斯兰教学者马注，也译著了《清真指南》，内容包括伊斯兰教的历史、哲学和法律等，这些学者在介绍伊斯兰教教义时，曾说："盖教本清则净，本真则正，清净则无垢无污，真正则不偏不倚。以无垢不倚之正通行于国中，若菽粟之于水火……"用"清净无染"，"真乃独一"，"至清至真"和"真主原有独尊，谓之清真"等语称颂该教所崇奉的真主安拉。所以伊斯兰教徒把自己信奉的宗教称为清真教，称其寺院为清真寺。自那以后，"清真"二字在我国许多地方流传并逐步成为泛指回族的一种专门用语。

玄奘取经

古典神话小说《西游记》中唐僧取经的故事，在我国可以说是家喻户晓，老幼皆知。里面的人物像孙悟空、猪八戒、沙僧等是虚构的，故事也是虚构的，但是唐僧取经，却真有其事。明代作家吴承恩笔下唐僧的原型，就是依据唐代著名的高僧、佛教学者、翻译家和旅行家玄奘。

玄奘姓陈名祎，洛州缑氏（今河南偃师缑氏镇）人，公元596年（隋开皇十六年）出生在一个信仰佛教的人家。他少年时就爱好佛学，13岁当了和尚。后来，他游历了四川、湖北、河南、河北等地的著名寺院，虚心向佛学大师求教，学习佛教经典，被赞为佛门的"千里驹"而誉满长安。他学问越来越渊博，但从不满足，并决心到佛教的发源地印度去学习。当时，交通不便，走陆路去印度，必须经过甘肃、新疆，越过帕米尔，绕过中亚细亚，还有喜马拉雅山的阻隔。还有那茫茫无际的大沙漠，横亘千里，很难通过。但是玄奘毫不畏惧，公元628年（唐贞观二年），玄奘从京城长安向西出发了。他先到了凉州（今甘肃武威市），讲了一个多月佛经，又到了瓜州（今甘肃安西县）。在那里，他得到了一匹多次往返伊吾国（今新疆哈密县）的又老又瘦的赤马，这才过了玉门关，走出了戈壁大沙漠，到了伊吾国。在高昌国，他受到国王的盛情款待，高昌王还给唐僧要经过的西域24个国家的君王——写信，请他们迎送大唐来的高僧。

在沿途国王的帮助下，玄奘得到了给养、马匹，历尽千辛万苦，翻过了帕米尔北隅的凌山（现天山山脉的冰达坂），又闯过了大雪山。公元629年（唐贞观三年）的夏末，经过一年的跋涉，他终于到达印度。

玄奘在北印度一些国家游学，又到中印度游历了30多个国家。中印度是当时佛教学术中心，玄奘在驰名世界的那烂陀寺，向印度佛学权威戒贤法师潜心求教修学了5个年头，通晓了全部经论，成为很有学问的佛学大师。他又到印度其他一些国家学习，认真阅读各国藏书，向各国高僧请教。他的不屈不挠的进取精神，博得了印度各地人民的赞叹和钦佩。

公元645年（唐贞观十九年）正月，玄奘回到了阔别近20年的长安。这时，他已是一个鬓发斑白的老人了。在古代交通那样困难的条件下，他游历了17年，走了5万里路，周游了大小110个国家，带回了675部佛经。唐太宗听到玄奘回国，特地派了文武官员去隆重迎接，一时，长安的市民把街道挤得水泄不通。

玄奘把他带回来的佛经等，在长安最繁华的朱雀大街南端公开陈列，让人们参观。这是我国历史上第一次介绍印度文物的展览会。接着，他在皇太子李治为他修建的慈恩寺里的译经院里，专心译经，还从各地挑选了一批高僧、学者，参加这一工作。前后用了 19 年时间，译出佛经 75 部，1335 卷，有 1300 多万言，在中国翻译史上写下了划时代的一页。他还著有《大唐西域记》一书，长达 12 卷，记述了他经历的 110 个国家和传闻的 28 个国家的历史、风土人情、宗教信仰、地理、物产等情况，是研究印度、尼泊尔、巴基斯坦、孟加拉国以及中亚等地古代历史地理、政教民情的重要文献。

公元 664 年（唐麟德元年），这位毕生致力于中印文化交流的三藏法师在玉华寺逝世。附近 500 里地前来送葬的人有 100 多万，夜宿在墓旁的有 3 万多人。玄奘生前曾在慈恩寺西院同工匠们一起搬砖运石修建的大雁塔，收藏了他从印度带回的经典和佛像。这高达 60 多米的巨塔经过历代修葺，一直高耸在历史文化名城西安，成为中印文化交流的象征，也是玄奘卓越贡献的象征。

城隍庙

在我国许多地方，都有城隍庙。城隍，是一种神职。隍、城是古代神话中守护城池的神。周朝时，除夕祭祀 8 种神，其中就有水（即隍）庸（即城）。城隍作为神，就是从此而来。这原是一种原始信仰的残留。后来，随着城市的发展，绝大多数城市临近水边。水与城进一步结合，水神和庸神也合在一起了，它成为城池的城隍神。城隍是剪恶除凶、护国保邦之神，能降雨，能止涝，还管领亡灵。

六朝时，城隍还不太多，而且大多无固定的祭坛和庙宇。唐代以后，城隍日见增多，并有专门的庙宇供奉，这就是城隍庙。

1928 年，我国著名学者顾颉刚从北京大学转到广州中山大学任教之后，又和容肇祖、容媛兄妹调查了广东东莞城隍庙，顾颉刚绘下了《城隍庙图》。其中除了城隍一家还供有十殿阎君、包公丞相、救苦天尊、退病大王、金花夫人，财帛星君等四五十名神位。可以看出，统治阶级为了迎合百姓心理，设了许多神祇，满足他们的求财，生子、雪冤、告状的愿望，把他们牢牢地缚在泥胎上面。

饮食、衣饰、活动

中国的八大菜系

中国菜肴的烹调艺术是举世闻名的。早在公元 5 世纪。贾思勰所著的《齐民要术》一书，就集前代烹调技术之大全，成为世界上最早的一部食品科学论著。到了元代的 1330 年，御膳医忽思慧撰写的宫廷膳书《饮膳正要》，也对后世的烹调技术的发展起了巨大影响。到了明清时期，我国烹调技术又得到进一步发展，并形成了许多具有独特风味的地方菜系。其中比较有名的是山东、四川、江苏、浙江、广东、福建、湖南、安徽"八大菜系"。

山东菜系：主要由济南和胶东两地的地方菜发展而成，它在北方有很高声誉，华北、东北及京津地区都受其影响。济南菜专长于清汤、奶汤，一向以清鲜、脆嫩著称。"清汤燕窝"、"奶汤鸡脯"等都是很有名的菜肴。胶东菜海味有名，烹调以炸、扒、蒸、爆、熘、炒等法为主。"红烧海螺"、"酥海带"等海味很著名。

四川菜系：以成都、重庆两地菜肴为代表，以麻辣、味厚著称。烹调方法，注重调味，又富于变化。川菜中，如"宫保鸡丁"、"怪味鸡丁"、"麻婆豆腐"等，都驰名中外。

广东菜系：由广州、潮州、东江等地方菜发展而成。主要特点是，制作精巧，花色繁多，烹调技术采取了西餐菜特长，善煎、烘、烤、焗、烩、酥、蒸、炸、熏、煲等法。在肉类原料上，除猪、牛、羊、鸡、鸭、鱼以外，还特别善于制作蛇、猫、鼠等美味。仅蛇菜就有几十种款式。广东菜中的山珍海味、珍禽异兽，都是名扬海外的。

江苏菜系：由扬州、苏州、南京3个城市的地方菜发展而成。扬州也称淮扬菜，是指扬州、镇江、淮安一带的菜肴；苏州菜包括苏州与无锡一带的菜肴；南京菜又称京苏菜，主要是指南京一带的地方菜肴。江苏菜烹调擅长于炖、焖、煎、烧、炒等法，清蒸鲥鱼、百花酒焖肉、水晶肴蹄、银菜鸡丝等都是它的名菜。其中，苏州菜烹饪以清蒸、酿、白扒为主，味重于甜；扬州菜擅长于浓汁、浓汤，特别是点心最著名，南京菜擅长于焖、炖、叉、烤，尤以南京板鸭为著名。

浙江菜系：主要由杭州、宁波、绍兴等地方菜发展而成。其中，杭州菜最负盛名。浙江菜讲究鲜、脆、软、滑，保持原味，如西湖醋鱼。名菜有生爆虾片，叫化童鸡、龙井虾仁等。宁波菜以海鲜居多，绍兴菜擅长烹制河鲜和家禽，富有乡村风味。

福建菜系：主要由福州、泉州、厦门等地的地方菜发展起来的，尤以福州菜著称。闽（福建）菜长于炒、溜、煎、煨，注重甜、酸、咸、香。著名的菜肴有福寿全、雪花鸡、太极明虾、烧片糟鸭等，还有带有奇香异味的名菜"佛跳墙"，享誉全国。闽菜在南方菜肴中独具一格。

湖南菜系：是由湘江流域、洞庭湖区和湘西山区3种地方菜所组成的，尤以长沙菜为代表。湖南菜经常采用熏腊原料，油重色浓，擅长于熏、腊、蒸、煨、炖等方法，口味重于香鲜、酸辣、软嫩。著名的菜肴有"东安子鸡"、"麻辣子鸡"、"腊味合蒸"、"清蒸甲鱼"、"子龙脱袍"等。还有用甲鱼和鸡做的珍贵名菜"霸王别姬"。

安徽菜系：由沿江、沿淮、徽州三地区的地方菜构成，取材广泛，山珍海味都有。烹调以烧、煮、蒸、原焖为主，重油、重色、重火功。这"三重"是与其他菜系的不同之处。名菜有：符离集烧鸡、奶汁肥王鱼、火腿炖甲鱼、火腿炖鞭笋、雪冬烧山鸡、腌鲜桂鱼等。

五柳鱼和东坡肉

"五柳鱼"是四川传统名菜佳肴，"东坡肉"是川扬菜系的名菜。你可知道，这两个名菜还和我国古代著名的诗人和文学家有关呢。

公元 760 年，唐代大诗人杜甫为避"安史之乱"，漂泊到四川成都城外浣花溪畔的草堂，生活十分贫困。有一天，有一个阔别多年的朋友来访问他，杜甫高兴地把他迎到家中。因家里没有什么好吃的好款待友人，杜甫正在犯愁，正好家人在溪里钓来一条大鲤鱼。杜甫喜出望外，立即挽起袖子烹调起来。那条鱼酸、甜、辣味俱全，还伴有酱香，吃起来别有风味。朋友尝了赞不绝口。他问杜甫，这个菜叫什么名子，杜甫见鱼背上有五颜六色的丝，样子像柳树叶子，就说："就叫它'五柳鱼'吧。"后来，"五柳鱼"的美名传开来，成了一道名菜，在国内外都享有盛名。

东坡肉则是以宋代大文学家苏轼（字东坡）的名字命各的。这里还有一个传说：苏东坡在杭州做剌史的时候，在西湖筑了一条苏堤，疏浚了西湖，使四周的田地旱涝不愁，杭州四乡的庄稼得到了大丰收。为了感谢苏东坡，那年春节时，老百姓抬着猪担着酒来给他拜年。盛情难却，他只好收下猪肉，叫人把肉切成方块，以独特的烹调方法煮熟，烧得红酥酥的，然后按照疏浚西湖的民工名单，挨家挨户地把肉送给他们过年。老百姓非常高兴，都夸奖苏东坡是个贤明的官，并把他送来的肉叫作"东坡肉"。

当时，杭州有家大菜馆的老板见人们夸东坡肉，于是也叫厨师学着做起东坡肉来。顿时，菜馆的生意兴隆起来。别的菜馆见了，也竞相效法。一时间，不论菜馆大小，家家都有"东坡肉"了。后来，经过同行公议，就把"东坡肉"定为杭州的第一道名菜，流传至今。

"东坡肉"的具体做法是：把五花肉切成四正方块。普通多为四寸见方，上席的则多为寸许方块。先在铁锅里用黄酒、香葱、姜、糖和酱油拌匀，使皮和肉都呈暗红色，然后摆放在密封的紫砂锅中用小火炖足 4 个小时。炖好的"东坡肉"油润嫣红，肥而不腻，酥而不烂，甘香糯滑，皮有咬口。

苏东坡曾有食猪肉的诗，是这样写的："黄州好猪肉，价钱如粪土，富者不肯吃，贫者不能煮。慢着火，少着水，火候足时他自美。每日起来打一碗，饱得自家君莫管。"

金缕玉衣

汉代皇帝和贵族死后盛行用"玉衣"作殓服。玉衣又称"玉柙"或

"玉匣"，以编缀玉片的金属丝不同，分为金缕玉衣、银缕玉衣和铜缕玉衣3种。据《续汉书·礼仪志》记载，皇帝用金缕玉衣，诸侯王、诸王、始封贵人、公主用银缕玉衣，大贵人、长公主用铜缕玉衣。古书上说，玉衣全部重叠如鱼鳞，用长约一尺的玉札缠裹。从长钞马王堆一号汉墓出土的实物来看，全身均用长方玉片联缀而成，而用大玉片做足底。

1968年河北省满城出土的西汉中山靖王刘胜夫妇的金缕玉衣，是目前发现保存最完整的两套金缕玉衣。这两套玉衣都是由2000多块形状不同的玉片用金丝编缀而成。共用金丝约1800克。玉片的大小和形状是根据人体各部的不同形状设计的，所以外貌和人体一致。玉片绝大多数呈长方形、方形，少数为三角形、梯形、四边形和多边形等。每块玉片都要磨光、钻孔。这两套金缕玉衣制作的工艺水平相当高，有的玉料切缝仅为0.3毫米左右，玉片上的小孔直径有的仅1毫米左右。

制成一件这样的玉衣，按现在的工艺水平推算，也需一名玉工费10年的工夫。可见这技术的高超，工艺的精美了。

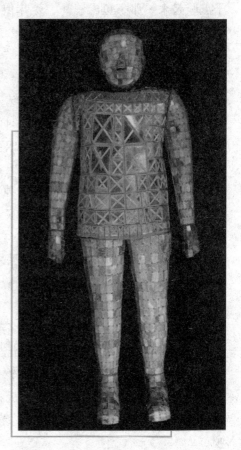

金缕玉衣

辫子习俗

古时候，汉族男子留发，束于顶端戴上帽子或头巾。公元1644年，满洲人入关建立清朝。1645年下令"薙发"。就是满洲贵族强迫汉人依从他们的发式。男子要把前额和头顶四周的头发剃掉，留下的头发形成一个圆盘并梳成一条辫子，垂在背后。据说，这象征着"一统中原（圆）"。

汉族人当然抵制这种民族压迫，于是，满洲贵族残酷镇压。当时有句话叫作"留头不留发，留发不留头"。满族贵族令理发匠挑担子在街上走，见有蓄发者，抓住就剃，只要稍一抵抗，就杀头并悬挂在理发挑子的竿上示众。当时，江阴县典史阎应元，死守孤城抗清 80 天。城破之后，清兵屠城，城内死 97000 多人，城外死 75000 多人，只有躲在寺观的塔上的 53 人幸存下来。阎典史就义前，在城楼题绝笔楹联一副："八十日带发效忠，表太祖十七朝人物；十万人同心死守，留大明三百里江山。"这里的"带发效忠"，实际是维护民族尊严。可见，在历史上，维护或改革一项风俗习惯，有时需付出血的代价。

200 多年以后，1851 年，我国历史上最大的农民起义太平天国运动兴起了。太平天国以"反满"为号召，从"蓄发"开始。所以一般都称太平军为"长毛"，清政府则骂他们为"发逆"。

辛亥革命前后，主张共和的革命党人都要剪去辫子，思想比较开明的知识分子也争相仿效。而臭名昭著的北洋军阀张勋，一意保皇、搞复辟。他命令士兵都留辫子，他的兵被称为"辫子兵"，他也成为历史上有名的丑角——"辫帅"。

旗　袍

旗袍，是清代满族妇女的一种服装，流行于皇族妃子及贵族妇女中间。满人原出于女真族，妇女衣着效法辽、金，还受到元代蒙族妇女长袍的影响。17 世纪初，努尔哈赤用武力统一了女真各部，建立了"八旗"制度。随后，满洲旗人在半耕半牧和开拓疆土的征战中，

旗　袍

逐步形成了男女老少都穿无领宽腰身直筒式服装，这就是最初的旗袍款式。清军入关，在北京建立了清朝以后，经过将近100年的时间，旗袍作为专一衣装，取代了汉人的长裙款式。

到了19世纪，帝国主义列强入侵中国。旗袍受到西方服装影响，腰身逐渐变瘦，肥袖变小，无领变为有领，款式开始往曲线型演变。在20世纪20年代，随着大革命的风暴席卷全国，旗袍开始在国内普及开来。款式是上身适中，袖长过肘，袖口也比较宽大。到了20世纪30年代中期，旗袍的腰身变窄，袖口缩小，袖长不过肘。这样女性的曲线美能显示出来了。20世纪40年代时，它的袖子更短了，后来就干脆取消。袍身的胸、腰、臀部更合体，轮廓与妇女体态一致。于是，女性的风韵完全体现了出来。

旗袍的材料常选用传统的丝织物；缝制有镶、嵌、滚、绣等传统工艺；式样也很多，领、袖、襟、衣长和两侧开叉高低都经常变化。发展趋势由宽松到贴体合身，如今演变成流线型，穿着典雅舒适。

旗袍早已冲破了满族女装的范围，它早已为广大中国妇女所喜爱，并进而成为许多国家妇女喜爱的服装。

太极拳

太极拳是我国的一种拳术，创始于清初。乾隆年间，山西民间武术家王宗岳用《周子全书》中阐发《易经》的太极阴阳论来解释拳理，写了《太极拳论》，太极拳这名称才确定下来。

清末和辛亥革命后一个时期，对太极拳的起源有许多传说和附会，众说不一。据中国武术史学家唐豪等考证：太极拳最早传习于河南省温县陈家沟陈氏家族中。陈氏太极拳综合吸收了明代名家拳法，特别是戚继光的32势长拳而编成的。同时又结合了古代导引、吐纳术，运用了中国古代的阴阳学说和中医经络理论。太极在其流传过程中出现了许多流派，主要有陈式、杨式、吴式、武式、孙式五派。各式尽管形式、风格各具特色，但基本要领相同。太极拳要求静心用意，呼吸自然；中正安舒，柔和缓慢；动作弧形，圆活完整；连贯协调，虚实分明；轻灵沉着，刚柔相济。

打太极拳要求松静自然，这可以使大脑皮层一部分进入保护性抑制状态而得到休息。同时，打拳可以活跃情绪，对大脑起调节作用，而且越是熟练，越要"先在心，后在身"，专心引导动作。这样长期坚持，会使大脑功能得到恢复和改善，清除由神经系统紊乱引起的各种慢性病。太极拳要求"气沉丹田"，有意地运用腹式呼吸，加大呼吸深度，因而有利于改善呼吸机能和血液循环。通过轻松柔和的运动，可以使体弱年老的人经络畅舒，新陈代谢旺盛，体质、机能得到增强。太极拳多年来能在国内外逐渐得到推广，就是因为它具有防病治病的功用，对神经衰弱、心脏病、高血压、肺结核、气管炎、溃疡病等多种慢性病都有一定的预防和治疗作用。因此，人称太极拳为健身佳术。

太极拳在技法上别具一格，特点鲜明。它以静制动，以柔克刚，避实就虚，借力发力。这不仅可以训练人们的反应灵敏、力量、速度等身体素质而且在攻防格斗中也有十分重要的实战价值。

易筋经

导引是我国最早的一种医疗保健体操，它起源于我国的远古时期；五禽戏是我国汉末著名医学家华佗在导引基础上创造的一种医疗保健体操。易筋经和八段锦，是在导引和五禽戏之后发展起来的一些简便易行的保健体操。由于易筋经和八段锦的锻炼效果显著，得到人民群众的喜爱，人们把这些活动奉之为经，视之如锦。

易筋经之名初见于明代天启年（1624 年）的手抄本，但直到清道光以后，才得到广泛的流传。

什么叫易筋呢？《易筋经·总论》中说："易筋者，谓人身之筋（指肌肉）骨由胎禀而受之"，但"以挽回斡旋之法，俾筋挛者易之以舒，筋弱者易之以强，筋弛者易之以和，筋缩者易之以长，筋靡者易之以壮，即绵涯之身可以立成铁石。"这段话的意思是：人的身体，经过体育锻炼，无论是筋骨和肌肉都会发生变化。原来身体发育不正常的，体质非常弱的，甚至于肌肉痿缩无力的人，通过体育锻炼可以促使他们发育正常，筋骨肌肉舒展，全身增加力量。即使是虚弱得软绵绵的人，只要坚持锻炼，也能使身体变得象铁石一样。

古本易筋经中介绍了许多捶打、揉摩、服药、药水熏洗与呼吸结合的方法；近代流行的主要是易筋经的肢体运动部分。近代有关易筋经的著述有道光年间来章氏辑本《易筋经》。

八段锦

八段锦起源于宋朝，流传到近代，发展成多种多样，大致可分为坐式与站式两类。坐式运动量较小，称为"文八段"；站式运动量较大，称"武八段"。"武八段"因动作难度的大小，又有所谓南、北两派。清乾隆时的徐鸣峰曾把古八段锦编为十二段锦。光绪初年的无名氏对元明时代的八段锦又作过一次改编，成为近代流传较广的八段锦（站式）的基本形式之一。

一般武八段有八节动作，口诀是：

两手托天理三焦，左右开弓似射雕，

调理脾胃单举手，五劳七伤往后瞧，

横拳怒目增气力，两手摩足固肾腰；

摇头摆股去心火，背后七颠百病消。

因为八段锦简便易行，所以流传很广。

蹴　鞠

现代足球运动起源于英国，19 世纪中叶鸦片战争后传入我国。其实，我国的足球运动要比英国开展得早得多。

根据殷墟出土的甲骨文记载，公元前 1000 多年前，我国就有足球运动了。最早的足球是用草或毛制成的，叫做"踘"。以后改用熟皮制造，内充毛发，改名"鞠"。踢足球，古代称为"蹴鞠"或"蹋鞠"，始于战国时期。《史记·苏秦列传》载："临淄甚富而实，其民无不吹竽鼓瑟，弹琴击筑，斗鸡走狗六博蹋鞠者。"这就生动地描述了当时齐国都城居民丰富多彩的文化活动，其中包括蹋鞠。《汉书·艺文志》说："蹴鞠者，传言黄帝所作。"如果这一"传言"属实的话，那么，4000 多年前上古时代的黄帝，就是中国第一个球迷了！

战国以后，蹴鞠运动逐渐普及。蹴鞠好手、球迷帝王也逐渐多起来了。汉高祖刘邦的父亲太公就爱好这种足球运动。据史书记载，他经常在自己的家乡和"屠贩少年"踢球。高祖刘邦本人也对蹴鞠有浓厚的兴趣。他不但自己爱踢而且爱看比赛。为此，还专门在官苑里建造大规模的"鞠城"。在他的宫室内还藏有《蹴鞠新书》。不少的达官显贵专门收养蹴鞠能手，自建蹴鞠场。陆机的《鞠歌行序》中说，在东汉伏波将军马援的儿子马防的宅第中，"鞠城弥于街路"。自西汉以后，由于军制演变，步兵大量兴起，蹴鞠也作为锻炼士兵体质和战斗意志的手段而受到重视。《别录》中又说："蹋鞠，兵势也，所以练武士，知有材也，皆因嬉戏而讲练之。"这反映了寓军事训练于竞技娱乐的实际情况。因此，《汉书·艺文志》将"蹴鞠25篇"附于"兵技巧13家"类。

汉代军队中蹴鞠极为活跃，统帅带头踢球，官兵从上到下，人人都必须踢球。《别录》中还说："今军无事，得使蹴鞠"。说明在相对和平的时期军内经常开展蹴鞠运动。当时，设在官苑内的"鞠城"，便是羽林军举行蹴鞠竞赛并定期校阅的场所。"三辅离宫"的蹴鞠场地也主要是供军内蹴鞠用的。所说的"鞠城"，是在比赛场地的两端用砖筑成拱形的门。而在地上挖成圆形的洞，则叫"鞠室"。每端各6个。把球踢进"鞠城"（或"鞠室"）就得一分。这是最早的球门。即使在战争期间，蹴鞠仍是军中的体育运动项目。《史记·卫将军骠骑列传》及《汉书·霍去病传》都记载了汉军在塞外行军宿营时，统帅带头"穿域蹋鞠"，以振奋士气的事例。汉末三国之际，蹴鞠的开展仍较普遍。《会稽典录》说："三国鼎峙，年兴兵革，士以弓马为务，家以蹴鞠为学。"

关于蹴鞠的竞赛方法与要求，东汉李尤的《鞠城铭》中有所记述："圆鞠方墙，仿象阴阳；法月衡对，二六相当；建长立平，其例有常；不以亲疏，不有阿私；端心平意，莫怨其非"。这里全面涉及到蹴鞠的用具、场地、队长、裁判、比赛规则，裁判员与运动员的道德作风等方面，反映了当时的蹴鞠竞赛已有较为完备的规章。到了唐代，发明了用动物的膀胱（多用猪膀胱）放皮球里作球胆，充气后使用，名为"气球"。这清楚地表明我国远在1200年前就发明并使用了相似于现代的足球。唐代还改用两根柱子上挂球网的球门，这也和现代球门相仿。《气球赋》中还记述了"交争竞逐、驰突喧阗"的激烈场面；而"或略地以丸走，乍凌空以月圆"两句，则是"运球"和把球踢到半空的情景。

　　唐代女子蹴鞠不用球门，称为"白打"。王建的《宫词》有"寒食内人长白打"句，即指宫女们的踢球。

　　宋代的蹴鞠更是盛行。宋太祖赵匡胤、宋太宗赵光义都是球迷。《宋太祖蹴鞠图》就画了他们俩和赵普、石守信等6人踢球的情形，生动活泼，很是精采。宋徽宗赵佶特别爱看蹴鞠比赛。他的两个宰相李邦彦、高俅都是蹴鞠高手。赵佶规定，凡是喜庆日，如他过生日这天，文武百官祝寿后，内廷的球队都要进行比赛，以饱他的眼福。当时民间也有些蹴鞠组织。《东京梦华录》载有"举目则秋千巧笑，触处则蹴鞠疏狂。"

　　宋代蹴鞠除用两个球门比赛外，也有只用一个球门的。竞赛两队称为左右军，各十余人，其中球头（队长）一人，次球头（副队长）二人，还有跷头、正挟、头挟、左竿网、右竿网和散立等名目。左右军分别穿红青两种颜色的锦袄。宫廷表演赛开始时，双方队员于乐声中出场，先由球门左侧的队员传踢，适当时传给球头，球头立即踢球射门架上的门洞，射中者得分；不中时，球交由对方踢射，照这方法交替射门，最后以进球多少决定胜负。胜队受奖，可得银碗、锦帛等物；负队的球头就要挨鞭打或脸上被涂抹黄白粉的惩罚。

　　据出土的宋代蹴鞠纹铜镜看出，当时还有一种男女都可以参加又不受场地、设备限制的蹴鞠活动。明代蹴鞠又有所发展。当时流行多种球戏。《明宣宗行乐图》长卷中画有朱瞻基观看蹴鞠的场面。宫内嫔妃们也爱好踢球，并有"齐云社"的组织。女子蹴鞠，在民间也已流行。洪武间，民间女子彭秀云善蹴鞠，她"挟是技游江海"，被誉为"女流清芬"。出现咏妇女蹴鞠的诗词也不少，如袁华的《和铁崖先生蹋鞠篇》、李渔的《美人千态词》等，都对女子蹴鞠有形象生动的描述。

　　文人墨客也常以蹴鞠为乐，如王圻的《三才图会》、汪云程的《蹴鞠图谱》中都有儒生雅士踢球的图象。明清时期的一些瓷器上，还留下不少儿童们蹴鞠的情景。

风　筝

　　早在 2000 多年前，我国就发明了风筝。相传春秋时期公输般（鲁班）看到鹞鹰在空中盘旋飞翔而受到启发，削竹为鹞，称为"竹鹞"，上天三日不下，并用它来窥探宋城。后来，墨子也曾斫木为鹞，能在空中飞翔。在发明了纸以后，以纸代木，便出现了轻便的"纸鸢"。

　　五代时的李邺在纸鸢的鸢首上系上风笛，"以竹为笛，使风入竹，声如筝鸣，故曰风筝"。风筝用细竹扎成骨架，再糊上薄棉纸，系以长线，手牵长线，借风力升空。唐朝诗人高骈在夜深人静时，听见空中传来风筝声，曾写下这样的诗句："夜静弦声响碧空，吕商信任往来风。依稀似曲才堪听，又被风吹别调中。"

　　风筝讲究扎、糊、绘、放。扎，要达到对称，左右吃风面积相当；糊，要保证全体平整，干净利落；绘，要达到远眺清楚，近看真实；放，要会依风力调整"提线"角度。风筝的式样繁多，有禽、兽、虫、鱼，也有人物。主要分为"硬膀"和"软翅"两大类。"硬膀"风筝的翅膀坚硬，吃风大，飞得高；"软翅"风筝柔软，飞不高，但飞得远。每年放风筝的季节，蓝天中，"孔雀开屏"、"鹍鹏展翅"、"蝴蝶起舞"、"鱼跃龙门"、群鸽竞翔"、"仙女散花"、"悟空腾云"、"梁山一百单八将"等，千姿百态，美不胜收。

风　筝

　　有"风筝魏"之称的天津魏元泰（公元 1872～1961）。他制作的风筝，做工精巧、放飞平稳、色彩艳丽、造型生动逼真。特别是他创制了可以折叠拆散便于携带的风筝，做工极其精致。风筝翅膀可视其长短拆成 2～3 叠，扣榫严丝合缝，再用铜箍箍牢，糊上丝绸，施以重彩，堪称是巧夺天工的工艺美术品。他制作风筝花样翻新，层出不穷，先后创作了"五蝠捧寿"、"松鹤延年"、"葫芦万代"、"八仙庆寿"、"串儿八仙"等精品，还有几丈长的"蜈蚣"，寸许大的草虫雀鸟，既可放飞天空游戏，也可陈于壁间观赏。他精湛的风筝艺术赢得了国内外风筝爱好者们的欢迎。他的风筝，在1914年巴拿马世界博览会上，获得金质奖章，当时，轰动了天津卫，满城争说"风筝魏"为国争光。

我国的风筝，历史悠久，做工精良，远销日本、东南亚和欧美许多国家。至今，世界上很多国家放风筝活动十分流行。

象　棋

中国象棋古称"象戏"。它由先秦时代的博戏演变而来。战国后期，宋玉的《招魂》里已经提到"蔽象棋"。这是最早涉及象棋的文字记载。西汉末年，刘向的《说苑》中则有："斗象棋而舞郑女"的记载，说明象棋已与歌舞并列成为当时的娱乐活动项目。至南北朝，因周武帝亲撰《象经》，使象棋逐渐流行。

象棋棋子"将"、"帅"、"车"、"马"、"士"、"卒"都符合周代兵制。例如："卒"是中国象棋里的一个兵种，红黑双方各5个。这是受战争影响形成的。周朝，军队的基本编制"伍"是5名步兵组成，作战兵器也是由弓、殳、矛、戈、戟5种配合使用。这种有5个兵构成的交错战斗整体，反映到中国象棋中来，就成了双方各有5个卒（兵）。唐时象棋已很普及，并流传到日本。唐代军队中出现了石炮，相应地棋子中增加了"炮"。宋时又增加了"象"，至此，中国象棋最终定型。两人对局，在棋盘上按照规定位置各放棋子16枚，各棋子走法不同。以把对方将死为胜，不分胜负为和。明清以后，棋坛名将辈出，棋谱大量刊行。许多著名古棋谱，如《梦入神机适》、《情雅趣》、《桔中秘》、《梅花谱》等，都出在这个时期。

中国象棋列为体育运动比赛项目，则是新中国成立以后的事。1956年，举行了第一届全国象棋比赛，还出版了专门的刊物《象棋》。现在全国许多省市成立了棋协、棋院、棋校等组织，棋艺水平普遍提高。如今，中国象棋已流传到世界上10多个国家和地区。有些国家，如日本、菲律宾等，还成立了中国象棋协会。

围 棋

围棋为我国古代人民所创造，是我国古代文化的瑰宝之一。

据先秦史官编的《世本》说："尧造围棋"；晋张华《博物志》说："或曰舜以子商均愚，故作围棋以教之"；《潜确居类书》说："夏人乌曹作围棋"。尧、舜、乌曹三人距今均在 4000 年以上。春秋战国肘的围棋已发展到一定阶段。现在，中国广为流传的围棋是 19 道棋局。另有一种 17×17 共 289 个交叉点的棋局，仅在西藏地区流行，又名"藏棋"。古文献和出土文物证明，这两种棋制在汉代就已在中国南北各地流行。据《孙子算经》、《围棋赋》等书记载，19 道的棋制在汉时已被采用。这种棋制棋路广、变化多，又符合我国古称围棋有"天地之象"的哲理。因此，在两晋南北朝时就成为定型了。汉末三国时期围棋蓬勃发展，高手不断涌现，如严子卿、马缓明等被推为"棋圣"。南朝设围棋九品制。从唐代开始，提倡"棋待诏"制，围棋九品制遂不行。不过，这种制度后来流传至日本，却成为日本九段制的根据。明代，民间的围棋竞赛非常盛衔棋艺水平迅速提高。围棋在隋唐时传入日本，19 世纪传至欧洲。

日本奈良的博物馆"正仓院"藏有中国唐朝皇帝赠送日本的精致的棋盘和棋子。近几百年来，尤其是明治维新以后，围棋在日本得到很大发展。

围棋的棋盘上各画纵横 19 条平行线，构成 361 个交叉点。棋子分黑白两色，各有 180 枚。有对子局和让子局之分。围棋对弈，千变万化，紧张激烈，富于战斗性。既有利于锻炼提高人们的逻辑思维能力，又能陶冶性情，培养人们顽强、坚毅和冷静沉着的性格。因此，围棋这种古老的棋类活动正受到越来越多的现代人的欢迎。

民族、历史、朝代

中华民族与龙

龙是中华民族发祥和文化肇端的象征。中国的大地被称为"龙的土地,"中国人被称为"龙的传人"。不但全世界的华族都熟悉"龙"这种形象,各种肤色的外国人也从"龙"这个标记中知道它和中国的密切联系。这些事情,真可以说是十分微妙了。

然而什么是龙?哪里有龙?

一般人心目中的龙,和考古学家、生物学家心目中的龙,完全是两回事。

在中国这片大陆上,上古时代,的确曾经有过古生物学家心目中的"龙",山东的莱阳、云南的禄丰、黑龙江的嘉萨等地,新中国成立后都曾发掘过完整的恐龙化石。我国是保存完整恐龙化石最多的国家之一。

然而洪荒时代这些曾经在亚洲大陆上纵横逞威的大爬行动物,和今天人们心目中的腾云驾雾的龙完全是两

龙

回事。恐龙生长在"中生代"距今1亿年以上，那时不但还没有人类，而且连人类始祖的猿类也还没有登上历史舞台。在这个时期，只出现一些有袋类的哺乳动物。等到原始人类出现的时候，恐龙早已在地球绝迹，只在地层里留下它们骸骨的化石罢了。

那么，本来在生物界全无踪迹的中国式的龙，在古代人们心目中究竟是怎样形成和发展起来的？到了今天，仍然到处都可以看到"龙"，龙的雕刻，龙的绘画，龙的器皿，龙的装饰，龙的旗帜……端午节划龙舟，元宵节玩龙灯。中国人都认为自己是龙的后代，有一首歌曾风靡了台湾和大陆，名字就叫《龙的传人》。"龙"作为中华民族的象征，它究竟是一种什么东西呢？

严格地说，这是一个历史学、民俗学的问题，而不是一个生物学的问题。

回答这个问题最精辟的，无过于闻一多先生了。他的3篇作品《伏羲考》、《龙凤》和《端午考》有力地解释了3个重要的问题，那就是：龙的形象是是怎样形成的？龙在中国古代传说中为什么这样有势为？它后来为什么又变成了帝王的符瑞怎样形成的？

闻一多在《伏羲考》中指出，龙以蛇身为主体，"接受了兽类的四脚，马的毛，鬣的尾，鹿的脚，狗的爪，鱼的鳞和须"。总之龙是一个本来不存在的各种动物的混合体。

龙的传说历史久远。从殷契甲骨文出现结构完备的"龙"字，迄今已3000多年，而出现龙的图案和传说就更早得多了，它可以一直上溯到遥远的史前文化。相传在"感天而生"的上古时代，有女登感"神龙"生炎帝，附宝感"北斗"生黄帝，庆都感"赤龙"合婚而生帝尧的故事。除了神龙、赤龙外，属于伏羲氏系统的还有长龙氏、居龙氏、降龙氏、潜龙氏、上龙氏、水龙氏、青龙氏、白龙氏、墨龙氏、飞龙氏等等。这些各种各样的"龙氏"，与后来《山海经》中所说的"龙身而人面"、"人首蛇身"的诸神，实际上都是远古时代中华民族的族徽图腾。这种"炎裔黄胄"之说一直流传到今天。

从龙的造型中，我们可以揣摩到中华民族在形成过程中的斗争和联合，以蛇为图腾的远古华夏氏族、部落不断战胜、融合其他氏族、部落，逐渐形成华夏大氏族。它的图腾也兼取被融合、吞并了的其他氏族、部落的图腾，譬如：鸟图腾、马图腾、鹿图腾、牛图腾、鱼图腾等。最后拼合成中华民族共同崇拜的形象——"龙"，一种虚拟的综合性神灵。"龙"体现着华夏各氏族、部落的大融合、大团结。"龙"具有着无限强大的生命力，变幻莫测、气象万千。上可腾云驾雾，下可遁地入海，它无坚不摧，不可战胜。它不正是我们中华民族无可估量的创造力的象征吗？

龙的形象，已经越过历史的门限，跨进现代社会来了。现在，这么一个头角峥嵘、矫健活泼的龙的形象，不但已经成为中国人的象征，而且，进而跨越国界，成为全地球华族人士的符号。过去，神话在支配人，现在，人在欣赏神话。过去，人匍匐在龙的图腾之下，现在，龙的形象增添了人间的生活情趣。

"中国" 探源

我国古代，"国"字的含义是"城"或"邦"。"中国"就是"中央之城"或"中央之邦"。周代文献中，"中国"一词有5种不同含义：①京师，即首都；②天子直接统治的王国；③中原地区；④国内、内地；⑤诸夏或汉族居住的地区和建立的国家。

自汉代开始，人们常把汉族建立的中原王朝称为"中国"，兄弟民族建立的中原王朝也自称为"中国"。南北朝时期，南朝自称为"中国"，把北朝叫做"魏虏"；北朝也自称为"中国"，把南朝叫做"岛夷"。辽与北宋，金与南宋，都自称"中国"，彼此都不承认对方为中国。

严格地说，古代"中国"是一个形容词，而不是一个专有名词。当然，历史上的"中国"不等于今天"中国"的范围。我国古代各个王朝都没有把"中国"作为正式国名。汉朝的国号是"汉"，唐朝的国号是"唐"，以后建立的王朝国号有宋、辽、金、元、明等，清政府与外国签订的条约上签署的国名是"大清"。他们的国号都不叫"中国"。

直到辛亥革命以后，才把"中国"作为"中华民国"的简称。新中国成立后，我们也把"中国"作为"中华人民共和国"的简称。现在，世界上只有一个"中国"，就是中华人民共和国，首都在北京。

中国的别称

赤县、神州：赤县、神州之称，最早见于《史记·孟子荀卿列传》，其中提到战国时齐国有个叫邹衍的人，他说："中国名为赤县神州。"后来人们就称中国为"赤县神州"。但更多的是分开来用，或称赤县，或称神州。

华：古同"花"，引申为美丽而有光彩。对华的解释，一种说法是古代中原地区的人们，自认为自己居住在衣冠整齐而华丽的文明地区，所以自称作华。《左传疏》："中国……有服章之美，谓之华。"另一种说法是："华"含有赤色之意。周朝人喜欢红颜色，把红颜色看作吉祥的象征，所以就自称作华。还有一种说法，华是由我国古称华夏省简而来。"华"作为中国的简称，历史悠久。

诸华：由于周朝人自称为华，所以周王朝分封的中原许多诸侯国，就称作诸华。晋代杜预为《春秋左传》作的注解上说："诸华，中国也。"

中华：秦以前，华夏族称自己的祖国为中国，秦以后，逐渐发展成为一个多民族的国家，因而又有"中华民族"的说法。"中"即中国，"华"是华夏族的简称。唐代韩渥诗："中华地向边城尽，外国云从岛上来"，已把"中华"和"外国"对用。中华民族是我国各民族的总称。

夏：在古代有"大"的含义。中国历史上第一个奴隶制国家，是大禹建立的夏王朝。《史记·夏本纪》："禹封国号为夏。"后来人们就常用"夏"来称呼中国。

华夏：商朝时，由于实行了裕民政治，政治与文化都比以前有所进步，所以居住在中原地区的华夏族和南方、北方的一些少数民族，都向商称臣。华夏族是当时的主要民族，后来人们就把华夏作为中国的代称。

诸夏：此称类似"诸华"，开始是指华夏民族各诸侯国，统一以后用来称呼中国。

中夏·方夏·函夏：都是有关中国的代称。中夏，《后汉书》："目中夏而布德，瞰四裔而抗棱。"此后，中夏即指中国。函夏，《汉书》："以函夏之大汉兮，彼曾何足与比功。"晋朝张景阳《七命》："王猷四塞，函夏谧宁。"

禹城·禹迹·禹甸：相传古代洪水滔天，大禹治水造福于世，据说，禹治水后，依山川形势划定九州，所以后世相沿称中国为禹城、禹迹（大禹治水，足迹遍全国）、禹甸（"甸"在这里是治理的意思）。

九州：源于大禹治水划定九州的传说（另有一说是尧分九州）。九州，相传夏禹治水后，分中国为九州：冀、兖、青、荆、扬、梁、雍、徐、豫。《淮南子·地形》又载：中国古代设置9个州：神州、次州、戎州、弁州、冀州、台州、济州、薄州、阳州。嗣后，九州便泛指中国。以九州之意派生演化而来的还有九域、九有、九土、九区。宋代绘制《九域图》即中国地图。

九牧：《荀子》："此其所以代殷王而受九牧也。"又据《汉书·郊祀志》记载："禹牧九州之金，铸九鼎，象九州。"

九区：晋朝文人卫士衡《皇太子宴玄圃宣猷堂有令赋》："九区克成，燕歌以咏。"

九域：《汉书》："《祭典》曰：'共工氏伯九域'。"据宋朝《九域图》、《九域志》，皆记全国各地的地理图志。

八州：《汉书·许皇后传》："殊俗慕义，八州怀德。"

海内：《辞源》"四海"条注：古人以为中国周围皆是海，所以把中国叫作海内，把外国叫作海外。

"汉族"探源

关于汉族的形成问题，一直是一个在争论的话题，仁者见仁，智者见智。所以，下面的说法，仅供参考。

汉族，是中国的主体民族，有悠久的历史。汉族的先民，经历夏商周三代长期发展，至春秋战国，已形成以"华"、"夏"单称或"华夏"连称的族体，以与周边各族相区别。尤其战国，七雄兼并，共称"诸夏"。公元前211年，秦始皇完成了统一诸夏的事业，又出现了"秦人"的族称，直到汉代，匈奴、西域等处各族，仍称中原人民为"秦人"。汉继秦而兴，巩固并发展了秦开创的统一国家，前后传400余年。汉以后，周边各族即以"汉人"称呼中原人民，逐渐的，汉族成为中国主体民族百世不易的族称。

由上可见，汉族是因汉朝而得名。它是以先秦华夏为核心，在秦汉时形成统一的、稳定的民族，复经秦汉以来 2000 余年的繁衍生息，并不断吸收其他民族的血统与文化，得以发展成为拥有灿烂的古代文明和众多人口的民族。

由于中国自秦汉以来，虽经过统一、分裂、再统一的多次反复，然而总的趋势是越来越发展为更高度统一的多民族国家，汉族与各少数民族在全国范围内形成了交错杂居的分布特点。长期的历史发展，实际上已形成汉族离不开少数民族、少数民族离不开汉族的内在联系，在中国共产党的领导下和党的民族政策指引下，这种客观存在的内在联系才发展成为各民族人民的自觉的认识，汉族与各民族团结进步，共同发展，成为我国民族关系的显著特点。

中华民族名称歌

有人将我国 56 个民族的名称编成一首很有韵律的诗歌，易读易记，琅琅上口，十分有趣：

汉满傈僳景颇壮，高山普米锡伯藏。

毛南布依维吾尔，仡佬仫佬蒙古羌。

乌孜别克俄罗斯，保安独龙京东乡。

哈尼彝苗鄂伦春，裕固朝鲜傣阿昌。

鄂温克水德昂怒，基诺赫哲土布朗。

塔塔尔白回土家，达斡尔畲黎珞巴。

拉祜纳西塔吉克，哈萨克佤瑶撒拉。

我国民族五十六，柯尔克孜侗门巴。

满族人为何称旗人

满族是一个历史悠久、勤奋、勇敢的民族。原聚居于"白山黑水"的祖国东北。

其源流可追溯到先秦时代的"肃慎"，战国以后称"挹娄"，南北朝、隋唐时，相继称"勿吉"、"鞑鞨"，至宋、辽时、又名"女真"。

到明朝末年，女真分成海西、建州、野人3个部分，建州女真的首领努尔哈赤，始爱新觉罗氏，年轻时经常往来于抚顺的马市，又曾多次到过北京，深受汉族文化的影响，并且有卓越的军事政治才能，于明万历十一年（1583年）以遗甲十三副起兵，把分散的女真统一起来了。

皇太极天聪九年（1635年）废除"诸申"（即女真）旧称，改族名为"满洲"。满洲系满珠转音，梵称曼珠师利，汉语为吉祥，崇德时达赖班禅献丹书，称曼珠师利大皇帝。现在称满族是满洲族的简称。这就是满族名称的由来。

万历二十九年时（1601年）努尔哈赤为了扩大军事力量，改牛录制为"固山制"（即旗制），设黄、白、蓝、红四旗，旗皆纯色，各旗仍以牛录额真率领。万历四十三年（1615年）又重新建立了八旗组织，以初设四旗为正黄、正白、正蓝、正红，又增设镶黄、镶白、镶蓝、镶红四旗，合为八旗。努尔哈赤指定其弟子八人分统八个旗。每旗属下均为本旗固定旗民，旗民都有固定的旗籍。

到清世宗时，由于生产的发展和部落的南迁，随着辖属的蒙古人和汉人来归的日益增多，除改进原有八旗外，又增编了蒙古八旗和汉军八旗，而构成了清代军事上八旗制度的整体，从而大大加强了军事力量。这就是八旗建制的简略过程。

满族人人主中原，建立清政权和统一全国，八旗的军事力量，起了决定性的作用，因而清朝实行了"国语骑射"、"旗民有别"的政策，对于凡属八旗的人，无论旗籍、住址、挑兵、选官、诉讼都自有体制，与一般人民不同，满族人日常亦不说是满族人，而自称"在旗"。因而人们就把都有旗籍的满族人，以"旗人"相称。

回族为什么称回回

回族是我国土生土长的有着悠久历史的回鹘人，唐代迁往葱岭以西，和中亚、西南亚信仰伊斯兰教的阿拉伯人、伊朗人、伊拉克人、阿富汗人以及中亚其他各族人在融合过程中，遇到成吉思汗西征，他们又被送回

"中原"故土，这些回鹘人的后裔回到了"老家"，故称"回回"。第一个"回"字，代表回鹘人的"回"；后一个"回"字，表示他们从西方又"回"到了中国。那种回族族源外来说的观点是错误的。

四次民族大融合

我国历史上主要有四次民族大融合：一、中国历史上第一次民族大融合是春秋、战国时期。特点是在中国腹心地区进行的，形成中华民族的主体民族——汉民族。二、中国历史上第二次民族大融合是魏晋南北朝时期。特点是民族迁徙出现对流，一部分汉族往周边去，周边少数民族往内地来。三、宋辽金元时期。这一时期民族融合的特点是在边疆地区进行的，不仅少数民族融合于汉族，而且大量的汉族融合于少数民族。四、第四次民族大融合时期是清代。这一时期奠定了现在中国疆域和以汉民族为主体的中华民族的基础。

何为社稷

社为土地神，稷为五谷神，历代帝王都把祭社稷列为国家大典，这种对土地和谷物的崇拜，是与我国自古以耕作土地、种植谷物的谋生方式分不开的。稷（今人称为小米）适应在我国北方干旱气候下生长，是古代的主要食粮，被奉为"五谷之长"，"人非土不立，非谷不食"。故古代"王者"，"封土立社示有尊"，"立稷而祭也"，目的是"为天下求福报功"（《白虎通·社稷》）。五谷与土地是密不可分的，故把社与稷合起来祭奉，作为国家每年重大典礼活动之一。加之稷这种作物，相传又是由周人的祖先后稷发现、培植的。因此，社稷神既有神化周人祖先的象征意义，又成了王权的代表。故文献中"社稷"就成了"国家"的代称。社稷的位置，按"左祖右社"的原则，设于宫廷的西面，与东面的祖（太）庙相对称。

封禅概说

封禅，是中国古时候统治者举行的一种祀典。封为祭天，禅为祭地。

封禅就是祭天地。

封禅产生于什么时候，有两种不同的说法。司马迁在《史记·封禅书》里认为，封禅产生于伏羲氏以前的无怀氏。无怀氏曾封泰山，禅云山。春秋时期，齐桓公称霸诸侯后，想举行封禅，管仲说，古代封泰山，禅梁父（编者注：山名，在山东泰安市东南，泰山的支峰）者七十二家，知名的有无怀氏、伏羲、神农氏、炎帝、黄帝、颛顼、帝喾、尧、舜、禹、汤、周成王，"皆受命然后得封禅"。经管仲劝说，齐桓公才停止封禅。马端临则认为"七十二家"的说法，是"陋儒之见"，"诗书所不载，非事实"，所以他在《文献通考》中叙封禅是从秦始皇开始的。我们且不说七十二家封禅是否确有其事，封禅思想产生很早是无疑的，至少不晚于齐桓公时。封禅起源于人们对大自然的崇拜，进入阶级社会，封禅被统治阶级所利用，成了欺骗、愚弄人民群众的工具。

封与禅一般都是同时进行的。封，都在泰山。据说，这是因为泰山是东岳，东方主生，是万物之始，阴阳交替的地方；也有说因为泰山上有金箧玉策，能知人寿命长短。禅，在泰山附近的云云山、亭亭山、梁父（甫）山、社首山、肃然山，也有在会稽山举行的。封禅虽同时进行，但封的仪式重于禅的仪式。这是因为天在上，地在下，人们认为天为阳，地为阴，天高于地。实际上是因为天比地更能欺骗群众，天对统治者用处更大。

封禅的仪式不但复杂，而且神秘。传说时代及夏、商、周三代，虽有封禅之说，但无具体记载。进入君主专制社会，虽有记载，但各朝各代的封禅仪式不尽相同。

中国君权专制时代，举行封禅的皇帝，有秦始皇、汉武帝、汉光武帝、唐高宗、唐玄宗、宋真宗等。想封禅而未果的，有魏明帝、（刘）宋文帝、梁武帝、隋文帝、唐太宗、宋太宗等。自南宋后，皇帝到泰山封禅，形式上是废止了，但实质还保留着，这就是以后的几朝皇帝把封禅与郊祀合二为一了。明成祖永乐十八年（1420年），在北京南郊建天地坛，合祭天地。嘉靖年间，又将天地分祭，在北郊建方泽坛（即地坛）祭地，把南郊原建的圜丘改名为天坛，专门祭天。清朝时也在天坛祭天。

进行一次封禅，是要耗费大量资财的。贞观初，唐太宗要封禅，魏徵进谏说："陛下东封，万国咸萃。""须千乘万骑、供帐之费，动役数州，户口萧条，何以能给？"封禅时"动役数州"，劳民伤财。贞观时期尚难支付封禅费用，耗费之巨可想而知。封禅并不会真给帝王添德行，有些有见识的人早已认识到，如西晋史学家司马彪就曾说过："帝王所以能大著于后者，实在其德加于人，不闻在封矣。"唐太宗虽也想封禅，但他自己也认为："如朕本心，但使天下太平，家给人足，虽缺封禅之礼，亦可比德于尧舜；若百姓不足，夷狄内侵，纵修封禅之仪，亦何异桀纣！"

既然封禅耗费巨大，为什么历代统治者还那么热衷？答案很简单，因为封禅有维护统治的作用，他们利用人们对天的崇拜，进行欺骗。封禅的欺骗作用，归纳起来有如下4点：①告诉上天已经改朝换代，新的帝王是接受天命，代天统治群民。②封禅可以粉饰太平。③封禅可以让那些"夷狄"之邦感受"大国"威仪，从而朝奉。④封禅能成"仙"。由于这些原因，尽管封禅劳民伤财，统治者也是乐此不疲的。

上古·中古·三古

上古又称"远古"，指有文字以前的时代，《易》："上古穴居而野处……上古结绳而治。"《韩非子》："上古之世，人民少而禽兽众。"如与"中古"并提时，一般指秦汉以前即夏、商、周三代。

中古次于上古的时代。但说法不一。《易》："《易》之兴也，其于中古乎？"此"中古"指商周之间。《韩非子》："中古之世，天下大水，而鲧禹决渎。"此"中古"指传说中的虞夏时期。《三都赋》："决蜀都者，盖兆基于上世，开国于中古。"此"中古"指秦代。现在一称汉代以后、宋以前为中古。

三古即上古、中古、下古。但说法不一。《汉书》："伏羲上古，文王中古，孔子下古。"《礼》："炎羲上古，神农中古，五帝下古。"

卧薪尝胆

2400多年前，我国正处于春秋战国时期。那个时候，吴国和越国（在今江苏、浙江一带）经常发生战争。公元前496年，越王允常逝世，勾践继承王位。吴王阖闾趁机攻打越国。两军在檇李（今浙江嘉兴县西南）交战。吴军中了埋伏，大败。吴王负重伤，不久就死去了。阖闾的儿子夫差继承王位。他让伍子胥和伯嚭在太湖操练水师，自己在陆军，决心为吴国报仇。

公元前494年，吴王夫差任命伍子胥为大将，伯嚭为副将，率大军向越国进攻。在敌强我弱的情况下，越王勾践不听谋臣范蠡的劝告，贸然出兵，在夫椒（今江苏太湖洞庭山）一带和吴军展开水战，越军损失惨重，勾践带了5000残兵，退到会稽山，被吴军团团围住，勾践没办法，只好派大臣文种选美女8人，带白璧12双，黄金1000两，贿赂了吴国贪财好色的伯嚭，向吴国求和。

勾践"卧薪尝胆"图

吴王不听伍子胥的忠告，同意越成为吴的属国。

从这以后，勾践夫妇和大臣范蠡就到吴国住在阖闾坟旁的一间石屋里，为吴王放马。他们穿破衣，吃糠菜，对吴王表现出十分忠顺的样子。吴王乘车外出，勾践执马鞭为吴王牵马。有一次，吴王病了。在吴王病榻前，勾践问寒问暖，甚至亲自尝尝吴王的粪便，看它是不是酸苦。吴王夫差感到勾践对他一片忠诚，于是不顾伍子胥再三劝阻，终于放勾践回国。

公元前491年，勾践回到自己国家，他立志发愤图强，报仇雪耻。他给自己准备了一个艰苦的环境，睡在稻草柴薪上。室内悬挂着一颗苦胆，每天都要尝尝它的苦味。他不断让人提醒自己："你忘了在吴国的耻辱了吗？"这就是历史上有名的"卧薪尝胆"的故事。

勾践让文种管理国政，范蠡整顿兵马，他亲自下地干农活，让夫人绩麻织布，养蚕缫丝。他规定7年不收赋税，奖励生育，加强军事训练，重用人才。他的休养生息的政策对生产力的发展起了很大的作用。勾践还采取了结齐、亲楚、附晋的方针，以孤立吴国。勾践为了不让吴王起疑心，仍然向吴国进贡，定期派人去向夫差问安，还把国内有名的美女西施献给夫差。吴王夫差看不出勾践在准备报仇，听不进伍子胥的一再忠告，反而逼死了伍子胥。

公元前482年，吴王夫差带兵前往冀池（今河南封丘西南）与晋、鲁等国争霸王。越王勾践趁吴国空虚，突然举兵伐吴，攻打吴国都城，俘虏了吴国太子。夫差带兵回救，被打败，只得向越国求饶。又过了4年，越王勾践再次发兵攻打吴国，在阳山（今江苏吴县西）把吴军包围。夫差走投无路，求和遭到拒绝，他后悔不听伍子胥的忠告，拔剑自杀了。越王勾践接着派大军北渡淮河，约齐、晋、宋、鲁等国在徐地（今山东滕县南）会盟，成为春秋时期最后一个霸主。

越王勾践以卧薪尝胆的精神，"十年生聚，十年教训"，经过20年艰苦奋斗，最后振兴了自己国家，这一段历史给后世人们以深刻的教训。"卧薪尝胆"也成为取得事业成功的精神财富。

商鞅变法

战国初期，西方的秦国，原是7个大国中最落后的一个。后来经过一次政治改革，才逐渐强大起来。这个政治改革叫变法，领导这次变法的政治家就是商鞅。

商鞅原是卫国的一个没落贵族，因此，也有人称他卫鞅，或者叫公孙鞅。他在秦国立了大功，被封为"商君"，才叫作商鞅。商鞅特别喜爱研究法律，当时有人把他介绍到魏国，但魏王不重用他。于是，商鞅到了秦国，秦孝公起用了他，任命他为左庶长，并主持变法。

变法公布以前，商鞅派人在国都雍城的南门，竖了一根三丈高的大木杆，下令说"谁能把这根大木杆从这里扛到北门，就发给他10两金"。10两金，是一笔不少的钱哪。人们很惊异，没有敢去扛的。这时，官员又下令说，赏金增加到50金。有一个身强力壮的小伙子惴惴不安地出来，把木杆扛到了北门。商鞅果然如数给了他重赏。同时对大家说，他的话是算数的。现在，新法就要公布了，不论是谁，都要遵守。商鞅这样做，就是取信于民，言出法随。

接着，商鞅在公元前359年和公元前350年，先后颁布了两次变法令。主要内容是：

（一）废除井田制遗留下来的阡陌界限，承认封建土地私有权，允许土地自由买卖。

（二）按照军功大小重新确定社会等级。旧贵族没有军功的，剥夺他们的世袭特权。

（三）实行重农抑商政策，鼓励发展小农经济。

（四）建立封建集权制度。在全境设31县，由中央任命官吏。在基层加强统治，五家编为一"伍"，十家编为一"什"，使民户相互监督。

变法是很不容易的，颁布新法的第一年里，国都里就有上千人反对，包括太子驷。这样，新法很难推行下去。商鞅决定首先惩治破坏新法的上层贵族。但太子驷是国君的嗣位人，不能用刑。他只得把太子驷的老师公孙贾处了黥刑。后来又把另一个老师公子虔处于劓刑。这样，变法终于推行下去了。

秦国实行变法以后，旧贵族的势力遭到打击和削弱，新兴地主阶级地位巩固了。由于奖励耕战，大量的荒地被开垦，农业生产有了发展，国家的粮食也多了。同时，军队战斗力也大为加强，秦国逐渐变得富强起来。

公元前338年，秦孝公死，太子驷继位，这就是秦惠王。公子虔等人趁机在惠王面前诬告商鞅谋反，惠王下令逮捕了商鞅，把他车裂，还处死了他全家。但是，秦惠王继续实行商鞅制订的政策，所以，秦国逐渐成了战国时期七国中最强大的国家。

胡服骑射

2000多年前，战国时期，各国之间经常发生战争。那时候，许多国家作战时，要靠兵车，士兵穿着长袍和笨重的甲胄，行走十分不便。在赵国执政的赵武灵王是一个目光远大、主张改革的新兴地主阶级的政治家和军事家。他看到北方少数民族游牧部落（当时称为胡人）的军队，身穿短衣、长裤，上马下马都很灵活，骑马射箭，自如而迅速。他决心学习胡人的长处，革除自己军队的弊端。

赵武灵王征求了一些大臣的意见后，带头穿上了胡人的服装，精神抖擞，十分威武。文武大臣感到了震惊，后来也就习惯了。但也有人不理解，看不惯，连朝廷重臣、武灵王的叔叔公子成也认为有伤风俗，不合先王之道。假称有病，不去上朝。赵武灵王耐心给他讲道理，说："人们穿衣服，是为了图方便、实用和美观。让大家改穿胡服，目的是继承先主的事业，学习骑射，保证四境安全，使赵国强大起来。"公子成终于被说服了，也穿上了胡服。于是，赵武灵王下令，实行服装改革，全国上下都穿上了轻便灵巧的胡服。他还亲自训练士兵骑马射箭，并把西北边界重镇原阳（今内蒙古萨拉齐县境）的步兵与战车合编的军队遣散，重新编制，建立了一支精干的骑兵，大大加强了赵国的军事力量。

赵武灵王的改革获得了成效。公元前306年，他统率骑兵，长途征战，攻灭了中山国（今河北灵寿县至唐县一带），攻破林胡、楼烦，建立了云中、雁门两个郡。到了公元前300年，赵国已十分强盛，疆域扩展千里，与齐、楚、秦、燕、韩、魏六国并驾齐驱，成为战国七雄之一。

如今，河北省邯郸市西北，还有一个插箭岭，相传那是赵武灵王当年训练士兵骑马射箭的地方。

文景之治

汉高祖刘邦于公元前202年战胜项羽当上皇帝后，认真总结了秦朝二世而亡的历史教训，实行了一系列改良措施，使西汉政权逐渐巩固强盛起来。到了汉文帝、汉景帝时代，出现了史称"文景之治"的良好局面。

汉文帝（公元前180～公元前157年在位）、汉景帝（公元前157～公元前141年在位），他们都十分注重加强中央集权制。文帝时，刘邦分封的那些诸侯王的割据势力迅速扩张，自设官吏，自征赋税，成了独立王国。文帝采取各种手段削弱诸侯王势力，打击一切与中央分庭抗礼的行为，有效地抑制了部分诸侯王。汉景帝接受谋臣的建议，消除了一些封国的部分郡县，收归中央管辖。吴王刘濞见世袭特权受到威胁，串通楚、赵等六王，于公元前 154 年联合起兵叛乱。景帝派太尉周亚夫镇压叛军，很快平息了叛乱。这次事件后，景帝做出规定，各封国官吏一律由中央委派，不再给诸侯王以独立的军政权力，从而大大减少了诸侯割据称雄的可能，加强了西汉的中央集权。

在经济上，汉文帝、汉景帝对刘邦的一些主要政策做了调整。政论家晁错向文帝提出"贵粟政策"。他指出，现在商人们囤积居奇，操纵物价，提高利贷，造成农民的贫困。长此下去，是很危险的。所以一般地讲"重农抑商"是不行的，而必须实行"贵粟"政策。即允许人民用粮食买爵位，用粮食赎罪；国家粮多了，可减轻赋税。汉文帝采纳了这一主张，公元前 168 年下达卖爵位令，二级爵，价 600 石粮，九级 4000 石。实行"贵粟"，国家粮食大增。文帝还推行了"轻徭薄赋"政策。开始，田租减半，次年，田租全免，持续 12 年。至景帝又恢复到田租减半，直到西汉末。原先，15 至 56 岁的百姓，每人每年纳算赋 120 钱，文帝时减为 40 钱。原先，23 至 56 岁百姓，服兵役二年，每人每年在郡县任更卒一月，减为三年当更卒一月。这些办法，都在一定程度上调动了老百姓的生产积极性，促进了经济的繁荣。

除此之外，文景时代为了加强武备，鼓励人民养马，制定了民家养马一匹，免三人徭役的"马复令"。同时，取消了关口检查来往行人制度，以便利商人贩运；解除山林、川泽伐采和捕捞的禁令，使老百姓能够补助生活。

丝绸之路

闻名世界的丝绸之路，是文明与友谊之路。它像一条绚丽的彩带，从西汉时期的古都长安开始，穿过河西走廊，翻越帕米尔高原，直到地中海沿岸、印度、伊朗、伊拉克和欧洲腹地，绵绵 7000 千米。一路上，商旅使臣、僧人学者，络绎不绝。沙漠之舟载着人们，把我国的丝帛彩绸、先进的农业、手工业技术和灿烂的文化传到西方；同时，也把西方特有的农产品和文化艺术的瑰宝送到中原大地。从西汉时期到隋唐的 1000 多年时间里，这条丝绸之路成为沟通东西方的大动脉，成为我国人民同国外进行政治、经济、文化交流的桥梁和纽带。丝绸之路已载入世界史册。

开辟这条道路，打通我国同西方联系的人就是西汉时期伟大的探险家、旅行家和外交家张骞。张骞约生于公元前175年，陕西汉中城固人。年轻时做过汉武帝近旁的侍从官。当时，北方的匈奴奴隶主屡屡派兵南侵，给人民带来了战乱。汉武帝决定派人出使西域去联络大月氏国，好共同抗击匈奴，大月氏在匈奴的西边，在当时的条件下，必须经过匈奴。张骞胆识过人，自愿冒生命危险完成这一重大使命。

建元三年（公元前138年），汉武帝任命张骞为使臣，由一个名叫甘父的匈奴人作向导，率100多名随员离开长安西行。过了陇西郡，渡过黄河上游，进入了祁连山匈奴人盘踞的地区。不幸，队伍被匈奴人发现，在战斗中，寡不敌众，张骞和甘父被俘。在匈奴人的监视和奴役下，张骞度过了漫长的11年。公元前127年，张骞和甘父等人逃出了匈奴人之手。他们马不停蹄，日夜兼程，连跑了几十天，在戈壁大沙漠中忍受干渴和炎热的折磨，射鸟兽充饥。他们跨过一望无际的白龙堆石海，沿着天山南麓，经过楼兰、焉耆、龟兹，到了疏勒国（今新疆喀什市一带）。为了找到大月氏国，他们历尽千辛万苦，终于到达了大宛国境（今乌兹别克斯坦费尔干纳盆地）。在那里，他们受到热情款待。大宛国王派向导护送他们经康居国（约在今巴尔喀什湖和咸海之间），到达了大月氏。

张骞在大月氏生活了一年多，虽然未同大月氏达成共击匈奴的协议，但是却与大宛、康居和月氏等国建立了联系，播下了友谊的种子。公元前127年，张骞他们动身回中原。为了绕过匈奴人的辖地，他们没走原路。可是，在翻越祁连山时，他们又被匈奴骑兵俘虏。单于非常愤怒，对他们严加看管。张骞他们白天背土筑城，晚上被囚禁，又苦熬了一年多。正在他几乎绝望的时候，匈奴单于病死，他的兄弟和儿子争夺王位，起了内讧。张骞和甘父趁乱逃脱了囚禁，回到长安。13年前出发时的100多人，如今只剩他们两人了。

张骞向汉武帝报告了13年来的探险经历和西域各国情况。汉武帝封他为太中大夫，并任甘父为奉使君。公元前123年，汉武帝派大将军卫青进击匈奴，张骞随军出征，由于他对匈奴的地理等情况熟悉，战争获得胜利。回来后，他被封为"博望侯"。公元前119年，汉武帝派大将军卫青、骠骑将军霍去病，各率精兵 5 万，与匈奴决战，取得了胜利。这一年，汉武帝任张骞为中郎将，带着黄金、丝绸等贵重礼品第二次出使西域。他们来到乌孙，又派了副使分别到大宛、康居、大月氏、大夏、于阗等国，广泛开展外交活动，并邀请他们派使者到长安观光。公元前 115 年，张骞载誉而归。由于他的努力，汉王朝的影响扩大了，西域的交通开辟了。从那以后，中国的汉人地区也种起了葡萄、胡桃、石榴、黄瓜、蚕豆、豌豆、大葱、大蒜等农作物，西域的汗血马、玻璃、宝石、玛瑙、香料，以及乐器琵琶、中东的乐曲、印度的佛教、希腊的绘画等也传入中国。中国的蚕丝锦绸、炼铁炼钢技术、凿井技术，以及造纸、印刷、火药、指南针这"四大发明"都由这条中西方经济文化交流的通道传到西方。这条道路，被称为"丝绸之路"。它和张骞的名字，永远为世界人民所传诵。

贞观之治

在中国历史上，唐太宗李世民曾写下光辉的一页：在他当政的贞观年间（公元 627～649 年），政治清明，国力强大，历史上称为"贞观之治"。

李世民雄才大略，在建立唐朝的过程中，战功赫赫。他亲眼见到隋炀帝的腐朽统治和农民起义的巨大力量，因此，他掌握政权以后，注意缓和阶级矛盾。他常说："不能忘记、隋炀帝亡国的教训。"又说："一个好国君，必须先让百姓过好日子。如果损害他们来供奉自己，那就像割下大腿的肉去喂肚子。"他把荀子"水能载舟，亦能覆舟"这句名言记在心上，曾对太子李治说："皇帝好比是船，百姓好比是水；水能让船浮在上面，也能让船翻到水里。"在他当政后，为了让农民安心生产，他切实推行了唐高宗李渊时期制订的"均田制"和"租庸调法"，控制了土地和劳动力，保证了政府的赋税来源，形成了"有田则有租，有家则有调，有身则有庸"的赋税制度。这些措施，减轻了农民负担，使农民们重返家园，对生产的恢复和发展起了很大作用。

李世民在军事上，继续沿用了隋朝的府兵制，全国建立了 634 个军府。府兵称作"卫生"，由各军府从均田农民中挑选，这叫"点兵"。府兵平时务农，农闲训练，每年轮流到长安担负一个月卫戍任务，有战事就出去打仗。府兵可以免去本人的租庸调。

李世民发展了隋朝时开始出现的科举制度，增加了考试科目。他曾说过："为政之要，唯在得人，用非其才，必难致治。"他在用人方面，坚持"任人唯贤"和"取其所长"的原则。在争夺天下时，他就网罗了大批文才武将，即位后，又马上让宰相封德彝推举贤才。有一次，他发现武将常何的奏疏写得很有水平，了解到是常何的门客马周起草的以后，李世民就把马周召来，安排他做了官。后来，马周做了宰相，成为李世民的助手。特别是对前太子李建成的谋士才能卓著的魏征、王珪，十分看重，尽管他们过去帮太子反对过李世民。对自己的亲属、朋友，对部下，他都能做到一视同仁，按才录用。

唐太宗李世民最突出的优点是善于纳谏。也就是听取批评意见。他曾问大臣魏征："用什么办法才能头脑清醒而不昏庸？"魏征回答："兼听则明，偏信则暗。"魏征经常给太宗提意见，多次指出太宗的过错。有时把太宗惹火了，仍然神色镇定，坚持自己意见。魏征一共给太宗奏事 200 多件，在唐初实现贞观盛世中起了重要作用。公元 623 年，魏征患重病期间，唐太宗每天派人去看望他。魏征病危时，太宗亲至病榻。魏征死后，唐太宗伤心地流泪说："以铜为镜子，可以照见衣帽穿戴得是否端正；以历史为镜子，可以看到国家兴亡的原因；以人为镜子，可以发现自己做得对不对。魏征一死，这面使我明得失的镜子再也回不来了。"

唐太宗在民族关系方面，采用和睦政策，对汉族人和非汉族人同样看待。许多少数民族的首领还在唐朝政府担任军政要职。他还让文成公主与吐蕃君主松赞干布联姻，加强了汉族和藏族人民的团结。

由于唐太宗知人善任、博采众议，实现了比较正确的政策，才使唐朝初年出现了繁荣强盛的局面。"贞观之治"对后世产生了深远的影响，唐太宗李世民在中华民族的发展史上做出了重要的贡献。

开元盛世

公元 618 年，唐朝建立以后，封建统治者便着手恢复有利于政权巩固的政治、经济秩序，使唐初 100 年，国家比较安定，经济稳步发展。唐玄宗在公元713年即位，励精图治，继续保持了唐朝的兴盛，社会上呈现更加繁荣的景象。

在用人方面，唐玄宗坚持"唯贤是举"和"用其所长"的原则。经过认真地选拔，他任用姚崇、宋璟为宰相，充分地发挥他们的才干。姚崇、宋璟确实忠诚可靠，有胆有识，为唐玄宗出了许多好主意。武则天当政期间，由于兴建大量庙宇，修筑"明堂"，增收赋税，加剧了人民的负担和苦难，阶级矛盾有所发展。为了消除遗留下来的弊政，唐玄宗积极采纳姚、宋的建议，进行改革，收到了明显的效果。

唐玄宗仍然执行让百姓休养生息，使百姓安乐的方针，减轻赋税，减少徭役，推行各种促进农业发展的政策，较好地调动了农民的生产积极性。同时，兴修水利，又有大片田地能够得到灌溉，不少从前的荒山坡变成了良田，农作物产量不断提高。

手工业也逐渐发达。官府工匠和私营工匠的人数增长很快，手工业作坊不仅数量多，而且规模大。锦缎纺织技术更加精巧，丝织品印花染色技术不断提高，陶瓷生产也有了很大的发展。

农业和手工业的发展，促进了商业的兴旺，也促进了人口的增加。唐玄宗末期的户口数较唐初上升了4倍。

因唐玄宗前期年号为"开元"，史称他统治的28年是"开元之治"。

现实主义大诗人杜甫在一首诗里描绘出这一盛世之景："忆昔开元全盛日，小邑犹藏万家室，稻米流脂粟米白，公私仓廪俱丰实。"

王安石变法

革命导师列宁曾经称赞王安石是"中国十一世纪的改革家"，这是因为在王安石执政期间，进行过在历史上具有进步意义的"王安石变法"。

王安石是北宋著名政治家。公元1069年，48岁的翰林学士王安石，被宋神宗任命为参知政事（即副宰相），第二年又被任命为同平章事（即宰相），从这时起，就开始了王安石变法。那时，北宋王朝遇到了空前的社会危机。土地兼并剧烈，军费开支庞大，阶级矛盾尖锐，外患骚扰严重。王安石年轻时曾广泛接触社会，面对北宋贫弱腐败的现实，他立下了改变现状的志向。由于他在政治和文学方面有很大的名声，宋神宗上台后，就委以他变法的重任。

王安石变法的指导思想是富国强兵。重在发展生产、开发财源、增强兵力。他颁布了平均赋役的均输法、免役法、发展生产的青苗法、农田水利法、方田均税法，还有政府控制市场、物价的市场法等。在强兵方面，有给将领训练士兵权力的将兵法，寓兵于民的保甲法以及保马法、军器监等。

王安石的新法，实行了约16年。短短10余年中，全国兴修水利10700多处，灌溉田达360000多顷，农业得到大发展，朝廷增加了收入，储备了大量物资，加强了国防力量。新法减轻了农民的一些负担，"积贫积弱"的局面初步得到改变。但是，王安石变法限制、打击了地主豪绅官僚和大商人的利益，在朝廷内外都遭到不少反对派的反对和攻击。公元1076年10月，王安石终于抵挡不住顽固势力的强大压力，被迫辞去宰相职务。公元1085年，宋神宗死去，守旧派的首领司马光担任宰相，至此，新法完全被废除。

王安石看到变法失败，非常痛心，不久就忧愤而死。终年66岁。他的变法虽然失败了，但在历史上的影响却是深远的。

郑成功收复台湾

台湾，是我们国家的一个岛屿。早在三国时期，吴国就派人到达台湾，和当地人民一道开发建设台湾。宋元时期，曾在台湾建立了行政机构。1683年，清军进入台湾，清朝政府设置台湾府，进行管辖。

17世纪初，荷兰殖民者侵入台湾，台湾人民英勇地

郑成功收复台湾图

跟他们作斗争，不断进行反抗。

1661年3月，在东南沿海领导抗清斗争的郑成功，率领战船350多艘，将士25000人，从厦门出发，经澎湖，于台湾禾寮港（在今台南境）登陆。台湾的汉族和高山族人民积极支持郑成功收复台湾的斗争。他们将饮食送到郑成功的军队前，用车辆帮助军队运输物资。在台湾人民的支持和帮助下，郑成功指挥的军队击溃敌人从巴达维亚派来的援兵。夺回了荷兰殖民者盘踞的东嵌城（今台湾安平）。荷兰总督揆一不甘心失败，躲在台湾城（今台南南部）里，妄图顽抗到底。郑成功和他的军队，把台湾城包围了起来，施以猛烈的攻击。历经将近9个月的围攻战，第二年2月1日，荷兰总督揆一终于被迫签订降书，带领着残兵败将，离开了台湾。至此，台湾又回到了祖国的怀抱。郑成功在台湾建立了行政机构，推行屯田，促进了台湾社会经济的发展。

郑成功（公元1624～1662）本名森，字大木。祖建南安人。因反对其父郑芝龙降清，曾在南澳（今属广东）起兵，从事抗清活动。公元1662年5月，在收复台湾后不久，郑成功因积劳成疾，不幸病逝，年仅39岁。他被安葬在台湾州仔尾。公元1699年，人们将他的灵柩迁葬于今福建省南安县水头镇附近的康店复船山郑氏祖茔内。

太平天国运动

太平天国革命，曾经席卷大半个中国，参加人数达100多万，建立革命政权有11年。在中国历史上，这是最大的一次农民起义。

领导这次起义的领袖洪秀全，1814年元旦生于广东花县一个农民家庭。7岁时他到本村私塾念书，15岁时因家境困难，中途退学，从事放牛、砍柴、种地的劳动。后来村里群众推举他当了私塾教师。

当时，正是鸦片战争后外国帝国主义把侵略魔爪伸向中国的时候，劳动人民深受封建地主和帝国主义的双重压迫。洪秀全吸收了早期基督教义中的平等思想，从农民的革命要求出发，创立了拜上帝会。最早参加这个革命团体的是他的同学冯云山和他的堂弟洪仁玕及一些贫苦农民。1844年，他和冯云山到广西桂平一带发展革命力量。同年冬，他写下了《原道救世歌》等 3 篇革命文献。他主张人人在政治、经济上都应平等，普天之下皆兄弟。他把清朝统治阶级比作"阎罗妖"，号召人民起来推翻它，为建立一个"天下一家，共享太平"的理想社会而奋斗。这些革命思想成为以后太平天国的战斗纲领。

洪秀全领导拜上帝会，经过长期而艰苦的工作，于 1851 年 1 月 11 日，在广西桂平县金田村宣布起义。金田起义后，9 月 25 日占领永安（今蒙山县）。洪秀全自称天王，分封杨秀清为东王，萧朝贵为西王，冯云山为南王，韦昌辉为北王，石达开为翼王，建立了初步的农民革命政权，建号太平天国。1852 年，太平军粉碎了清朝军队的围攻，攻占了军事重镇——武昌。行军途中，太平军纪律严明，秋毫无犯，还杀贪官污吏，土豪劣绅，把没收的钱赈粮百姓，受到了热烈的欢迎和拥护，队伍迅速壮大到 50 万人。1853 年，太平军从武昌分水陆两路，沿江而下，克九江，夺安庆，取芜湖，3 月 20 日占领南京。太平天国定都南京，改称天京。

为巩固革命政权，洪秀全亲自颁布了《天朝田亩制度》，宣布："凡天下田，天下人同耕。"同时规定每家出一人为伍卒，平时为农，战时杀敌。并把每 25 家编为一个基层单位，由两司马统辖。此外还采取了一系列改革措施。

1853 年 5 月，洪秀全分兵开始北伐和西征。北伐军一直打到河北，震动京津。但因孤军深入而失败。西征军多次击败反动的湘军，占领安徽、湖北、江西大片地区。就在这时，1856 年太平天国领导集团内部发生了杨、韦事件。事件平息后，石达开又于 1857 年被迫出走，率 10 多万太平军独立作战，使太平天国造成严重损失。洪秀全又提拔了一批年轻将领，虽一度扭转不利局面，但由于清政府勾结洋鬼子，加紧镇压太平天国革命，1861 年，安庆、苏州、杭州相继失守，天京被围。洪秀全一味信天，死守孤城，不听忠王李秀成"让城别走"的正确建议。1864 年 6 月，洪秀全病逝，7 月，清军攻入内城。城内军民浴血苦战，全部战死或被杀，无一投降。

太平天国革命失败了，但在它的影响下，全国广泛开展了打击帝国主义和抗清的斗争，农民起义此起彼伏。

辛亥革命

在首都北京天安门广场上竖立着几幅革命导师的巨幅画像，其中就有中国民主革命伟大的先行者——孙中山。

孙中山先生，名文，字德明，号日新、逸仙，1866年11月12日，出生于广东省香山县（今中出市）翠亨村一个贫苦农民的家里。17岁到香港拢萃书屋上学时，取号日新。19岁时又取字德明。20岁那年，在香港中央书院念书时，由该院国文教师区凤墀按"日新"的谐音改为逸仙。从此，他常用这个名字。1896年即广州起义失败后的第二年，他流亡英国，到清驻英使馆找同乡宣传革命，化各陈载之。同年，他到达日本投宿时，自己编了个日本名字，叫中山樵。革命党人和日本友人都称他"中山"。后来章士钊叫他孙中山。从此，"孙中山"这个名字便流传开来。

孙中山10岁进私塾读书，13岁到檀香山受到西方资本主义教育。幼年时期，正值太平天国革命后，由于腐败的清政府在中法战争中打了胜仗还要和法帝国主义者签订卖国的不平等条约，孙中山深有感触，产生了改造国家的念头。

1886年，孙中山考入广州博济医院附属南华医学校学医，后又转到香港西医书院。1892年，27岁的孙中山以最优成绩获这个书院第一名毕业执照。毕业后，他在澳门、广州一带，借名行医，和一些爱国青年志士进行革命活动。

1894年，孙中山到檀香山联络华侨，宣传革命，成立了中国早期资产阶级革命团体兴中会，提出了推翻清政府，建立资产阶级民主共和国的设想。孙中山在香港、广州建立秘密机关，准备炸毁两广总督衙门，发动广州起义。由于走漏了风声，广州起义失败。

1905年，孙中山在东京领导兴中会，联合华兴会、光复会，组成了中国资产阶级革命政党——中国同盟会，他被推选为总理。孙中山提出了"驱除鞑虏，恢复中华，建立民国，平均地权"的资产阶级革命政纲和"民族"、"民权"、"民主"的三民主义学说，并创办《民报》和当时的改良派进行激烈论战。同时，他还在国内外发展革命组织，联络华侨、会党和新军，从 1907 年到 1911 年的 4 年中，连续组织和领导了 8 次武装起义。

1911 年 10 月 10 日晚，孙中山发动武装起义，占领了武昌城。全国各地纷纷响应，成立了中华民国，公布了《中华民国临时约法》，选孙中山为临时大总统。至此，统治中国 200 多年的清王朝被推翻了，2000 多年来的封建君主专制制度宣告结束。因为这一年是辛亥年，因此人们把它叫作"辛亥革命"。

由于中国资产阶级的软弱性，革命党人没有广泛发动和依靠群众，被迫向帝国主义走狗袁世凯妥协。孙中山于 1912 年 2 月 13 日辞去临时大总统职务。1914 年，孙中山在日本建立中华革命党。袁世凯倒台后，段祺瑞撕毁《临时约法》，解散国会。孙中山组织了护法军政府，被选为大元帅，誓师北伐。失败以后，被迫去职。他又把中华革命党改组为中国国民党，继续领导革命。不久，建立中华民国正式政府，孙中山任非常大总统。1922年，军阀陈炯明叛变，孙中山被迫离开广州。

1917 年，俄国十月社会主义革命的胜利和 1921 年中国共产党的成立，使孙中山有了信心和希望。他和共产国际苏联政府的代表会晤，并在中国共产党人李大钊、毛泽东、林伯渠等的帮助下，同中国共产党合作，改组国民党，确定了"联俄、联共、扶助农工"三大政策，把旧三民主义改为新三民主义，实现了第一次国共合作，促进了第一次国内革命战争（北伐战争）高潮的到来。

"五四"运动

辛亥革命后，封建的清王朝被推翻了。但当时的北洋军阀政府对内实行独裁统治，压制民主，对外继续投靠帝国主义，出卖国家主权。广大人民仍处在水深火热之中。

1914 年，欧州爆发了第一次世界大战。帝国主义无暇东顾，中国民族资本主义有了进一步发展。到 1919 年"五四"运动前夕，无产阶级已有200 多万人，罢工运动不断出现。在思想文化战线上，出现了一个反封建的新文化革命运动。这个文化革命运动以反封建主义的旧道德和旧文学为革命对象，宣传了西方资本主义上升时期的民主与科学思想，使广大知识分子的民主主义和爱国主义觉悟空前提高。当时的文化复古派妄想利用封建道德和鬼神迷信来禁锢人们思想。1915 年 9 月，倡导新文化运动的主要刊物《新青年》在中国最大城市上海出版。当时急进民主派陈独秀担任主编，李大钊、鲁迅是主要撰稿人。

《新青年》高举"民主"和"科学"旗帜，提倡个人独立自尊的新道德，打倒封建主义的旧道德。提倡尊重事实、尊重科学，反对鬼神迷信。打倒一切偶像崇拜。给复古派活动狠狠打击。由于新文化运动不断发展，先进的知识分子扩大宣传马克思主义，促进了中国人民的觉醒。

1918 年，第一次世界大战结束，为了掠夺德奥战败国和重新瓜分殖民地。1919 年 1 月，美、英、法日等帝国主义国家召开巴黎"和平会议"。作为战胜国之一的中国也派代表出席"巴黎和会"。中国代表在会上提出取消帝国主义国家在中国的特权，取消日本帝国主义同卖国贼袁世凯政府签订的《二十一条》；归还青岛。但是美、英、法代表违背中国代表要求，把原来德国在山东的权利转给日本。中国的正义要求遭到拒绝的消息激怒了中国人民。5 月 4 日，北京 3000 多学生在天安门前集合，举行示威，高呼爱国口号，要求严惩卖国贼曹汝霖、陆宗舆、章宗祥。并放火焚烧曹汝霖住宅。北洋军阀政府残酷镇压并捕走 32 名学生。第二天，北京学生举行总罢课，并呼吁全国人民起来斗争。随后，天津、山东、长沙各界人士纷纷行动起来支持北京学生的爱国行动。全国各地学生的爱国行动使日本帝国主义和北洋军阀政府大为震惊。他们的镇压手段没能扑灭学生的爱国活动。6 月 3 日起，北京学生又开展更大规模的宣传活动，紧跟着上海、唐山、长辛店等地工人罢工、商人罢市。全国人民反帝爱国斗争不断高涨，迫使北洋军阀政府撤销曹、陆、章 3 个卖国贼的职务，没敢在"和约"上签字。"五四"爱国运动取得了初步胜利。"五四"运动也是彻底反对封建文化的新文化运动，"五四"运动是中国新民主主义革命的开始。

卢沟桥事变

1931 年 9 月 18 日，日本帝国主义侵占了中国的东北三省后，野心越来越大，妄图把整个中国变成自己的殖民地。1936 年，开始向华北增兵，

1937 年从东北把精锐部队关东军的一部分，调到北平和天津外围。同年 6 月，驻北平丰台的日本侵略军几乎每天都进行挑衅性的夜间军事演习，矛头直指北平南面的卢沟桥。

卢沟桥距北平 16 千米。当时，日伪军已将北平北面、西北面占踞，一旦日军再占领卢沟桥，就封闭了北平的南大门，孤立的北平、天津的国民党当局便会不战而降。于是，日本帝国主义把卢沟桥作为突破点，开始了全面侵略中国的战争。

1937 年 7 月 7 日夜，日本侵略军在卢沟桥附近进行实弹军事演习。到深夜 11 点左右，他们声称：由于听见宛平县城的数声枪响，致使其演习部队发生混乱，结果丢失了一名士兵。日本侵略军要求进入宛平县城进行搜查。显然，这是事先精心策划好的发动侵略战争的借口，因为城门关闭在日军演习前，中国守军也没有放过枪。对于日军搜城的无理要求，中国守军予以拒绝。继续交涉间，日军突然向宛平县城开枪射击，接着又炮轰卢沟桥。中国守军忍无可忍，被迫奋起自卫。

这就是震惊世界的卢沟桥事变，简称"七七"事变。中国人民伟大的抗日战争的序幕从这里揭开。

第二天，中国共产党就发出通电："平津危急！华北危急！中华民族危急！"号召动员起来实行全民族抗战。北京的工人、学生、市民组成慰劳队、救护队、战地服务队，赶赴卢沟桥前线。

驻守京、津的国民党 29 军，在全国人民的支援下，全体官兵奋勇作战，使日军进攻屡遭失败。由于日军不断增加兵力，力量对比悬殊，29 军于 1931 年 7 日 30 日撤到河北涿县一带布防。从 7 月 7 日事变发生，到奉命撤出为止，中国军民在卢沟桥畔战斗了整整 24 天。这期间，日本侵略军不论是用飞机扫射，还是大炮轰击，也不论其发动了多少次轮番冲锋，卢沟桥阵地始终巍然屹立！它在中华民族的抗战史上写下了光辉灿烂的一页。

朝代歌二首

其一

唐尧虞舜夏商周，春秋战国乱悠悠。

秦汉三国晋统一，南朝北朝是对头。

隋唐五代又十国，宋元明清帝王休。

其二

夏后殷商西东周，春秋战国秦皇收。

西汉东汉魏蜀吴，西晋东晋兼五胡。

匈奴羯氐羌慕容，拓跋代北后称雄。

宋齐梁陈是南朝，北魏齐周称北朝。

北周灭齐传于隋，隋又灭陈再统一。

隋灭唐兴称富强，五代十国各称王。

契丹兴起在北方，建号为辽入汴梁。

五代梁唐晋汉周，宋朝建国陈桥头。

女真建金先灭辽，打破汴京北宋消。

南宋偏安在江南，蒙古兴起国号元。

灭金灭宋归一统，元朝统治九十年。

明代共传十六君，满洲初起号后金。

后金国号改为清，入关称帝都北京。

人民觉悟革命起，清帝退位民国立。

"皇帝"溯源

一般认为，"皇帝"是秦始皇创的新名词。这个说法有对的一面，但不十分全面。《尚书·吕刑》曾经两次出现过"皇帝"这个词，一次是"皇帝哀矜庶戮之不辜……"；另一次是"皇帝清问下民鳏寡有辞于苗"。这里"皇帝"二字是对前代帝王的尊称；《庄子·齐物论》亦曾出现"皇帝"一词："长梧子曰：'是皇帝之所听荧也，而丘也何足以知之。'"这里皇帝则指三皇五帝，尤指黄帝。这样看来，"皇帝"作为一个实词，早在秦始皇以前近千年就出现了，不过它不是用来指人间帝王，而是指上帝。至于作为人间专制帝王的特定名称，确是从秦始皇开始。秦始皇是从他自以为"德兼三皇，功高五帝"这层意思上兼采"皇"、"帝"而为帝号的。从此天子称为皇帝。

谥号·庙号·尊号

谥号：古代在人死后按其生平事迹评定褒贬给予的称号。帝王之谥，由礼官议上；诸侯卿大夫、高官显宦之谥，由朝廷赐予。谥号是一些固定的含有特定涵义的字，用以指死者的美德、恶德等，大致分为3类：表扬的，如"经天纬地曰文"，"威强睿德曰武"；批评的，如"乱而不损曰灵"，"好内远礼曰炀"；同情的，如"恭仁短折曰哀"，"在国遭忧曰愍"。上古谥号多用一个字，也有用两三个字的，如周平王、赵孝成王、贞德文王。后世谥号除皇帝外，大多用两个字，如忠武侯（诸葛亮）、武穆王（岳飞）。从东汉开始，还有私谥，是有名望的学者死后其亲友门人所加的谥号。宋代私谥尤盛。

庙号：封建皇帝死后，在太庙立室奉祀，特立名号，称庙号。从汉朝开始，每个朝代的第一个皇帝一般称为太祖、高祖或世祖，以后的嗣君则称为太宗、世宗等等。因此，在谥号前面还有庙号，汉武帝的全号是世宗孝武皇帝。（汉朝从惠帝起谥号一律加一个"孝字"）。汉朝要有功有德的皇帝才有庙号，才被称为"祖"、"宗"。南北朝称"宗"已滥，至唐朝除亡国者外，则无帝不称"宗"。

尊号：也称徽号。始于唐朝武后中宗之世，是颂扬帝王和皇后的称号。尊号是生前奉上的，也有死后奉上的。唐玄宗于开元二十七年（739年）受尊号为开元圣文神武皇帝。清朝同治帝尊那拉氏为圣母皇太后，上徽号曰慈禧。尊号可以每逢庆典累加。

唐朝以前对殁世的皇帝简称谥号，如汉武帝、隋炀帝，不称庙号；自唐朝始由于谥号加长，称呼不便，因而改称庙号，如唐太宗、宋太祖。

职官、科举、法制

任官称谓

征：指招聘授官，尤指朝廷直接招聘授官。辟：指招聘授官。选：指量才授官。荐：指下级向上级推荐授官。举：指选拔。点：指指派。简：指任命。补：指任命补缺，多指照例补缺。进：指升任，尤指高级官员的升任。起：指由民间征聘，或罢官后再授官职。赠：指对官员的先世或已死的官员授予职称封衔。

宰　相

"宰"与"相"，古时本为二职。"宰"原为主膳馐之官，史称殷商始置"太宰"。虽然主职为酒食，但因古时特别重视宗教仪式，祭祀典礼是国家大事，故"宰"作为主持祭祀之官很受尊崇，于是进而得赞国政。周代太宰之下，有小宰、宰夫为属官。"相"原为宾赞之官，史称舜举十六相宾于四门，担任传导威仪之事；周代诸侯朝聘宴享时，亦以"相"为辅导行礼官。由于当时非常重礼节，"相"是一重要职位，有时难免与闻政事，于是渐由相礼之官，转为掌理国政之官。一般认为，这种以掌理国政为职的"相"的正式出现，是在春秋时代。至战国时又有丞相、相国之称。汉代袭用丞相、相国之名，而一般又通称宰相，意指君主的最高幕僚，百官的首长。

九　卿

"卿"为官名，始于周，列国仿置，是中央政务大臣。因其贵重，秦以后历代封建王朝都习惯以"九"为常数，选择中央重要行政机关首长尊称为"九卿"，突出他们的地位。

周曾以少师、少傅、少保、冢宰、司徒、宗伯、司马、司寇、司空为九卿。前三卿专辅天子；后六卿分管政务，按其次序，相当于后来的吏、户、礼、兵、刑、工六部尚书。

秦以奉常（掌礼仪祭祀）、郎中令（掌宫外警卫）、卫尉（掌宫内警卫）、太仆（掌车马）、廷尉（掌刑狱）、典客（掌内外客使）、宗正（掌皇族谱籍）、治粟内史（掌盐铁钱谷）、少府（掌皇帝财产），这些机关首长为九卿。

汉以太常、光禄勋、卫尉、太仆、廷尉、大鸿胪、宗正、大司农、少府谓之九卿，即中央各机关的总称。东汉时九卿分属三司（太常、光禄勋、卫尉三卿并太尉所部；太仆、廷尉、大鸿胪三卿并司徒所部；宗正、大司农、少府三卿并司空所部），多进为三公，各有署曹掾史，随事为员。

北齐改廷尉为大理，少府为太府，合太常、光禄、卫尉、宗正、太仆、鸿胪、司农，称之为九寺。置卿、少卿、丞各一人，各有功曹、五官、主簿、录事等员。自古"九卿"同"九寺"，但正式将"九寺"与官职连用则始于北齐。

隋唐九寺与北齐同，即太常寺、光禄寺、卫尉寺、宗正寺、太仆寺、大理寺、鸿胪寺、司农寺、太府寺。

宋九寺与唐同，惟光禄寺因避宋太宗赵光义讳，改为崇禄寺。

魏晋南北朝以后，设尚书分主各部行政，九卿专掌一部分事务，职位较轻。

明清有大小九卿之别。明之大九卿为六部尚书及都察院都御史、通政司使、大理寺卿；小九卿为太常寺卿、太仆寺卿、光禄寺卿、詹事、翰林学士、鸿胪寺卿、国子监祭酒、苑马寺卿、尚宝寺卿。

清代皇帝的谕旨中常以六部九卿并提，可见不把六部计算在九卿之内。

九卿究竟指哪些官，说法不一致。其小九卿则指宗人府丞、詹事、太常寺卿、太仆寺卿、光禄寺卿、鸿胪寺卿、国子祭酒、顺天府尹、左右春坊庶子。

翰 林

翰林最早见于唐代，唐玄宗置翰林院，内设有翰林待诏、翰林供奉，后来又称翰林学士，为文学侍从之官，到唐德宗以后，职掌机要文书，管理书写皇帝的命令，但他们不是通过考试取得的，也不是正规的朝官。宋代进一步抬高了翰林学士的地位，设立翰林学士院，当实际掌政事堂（中书门下）枢密院居平等地位。翰林学士知制诰即以代皇帝撰文告为专职，有的称"承旨"。冠翰林之名而不属学士院的，有翰林侍读学士、侍讲学士。这些所谓经筵官，以在皇帝左右进进书史为职。皇帝很需要收罗这批饱学之士作为"智囊"，故备如恩宠。此后，凡执政大臣，多授予某某殿大学士的荣誉衔，以表示尊崇。明代的翰林是从进士中选拔的，他们协助皇帝处理政务，成了正规的朝官。清代翰林院以大学士为掌院学士，其下设侍读学士、侍讲学士、侍读、侍讲、修撰、编修、检讨等官。

巡 抚

始于明太祖令太子朱标"巡抚"陕西。后来每年都派中央官员巡抚地方。这一时期，巡抚性质同于"钦差"，本身不是官号，没有品级，例兼中央监察、组织部门的都御史和吏部尚书、侍郎等官衔，以便主掌地方官吏考察和军民安抚。因为属中央官，所以有事派出，事毕返京。宣宗宣德二年（1427年）以后，由于地方动乱，开始常设巡抚，并开始了以省为管辖单位的巡抚制。巡抚职权不断扩大，不仅掌政，而且掌军，实际上已成为地方军政首长；但其中央官性质未变，还必须经常上京汇报地方军政事务。清代康熙以后，全国除直隶、四川外，每省都设一名巡抚，规定了巡抚品级。至此，巡抚才正式成为地方官。但仍遵行旧的兼衔制。战乱时期，各地巡抚互不统属，往往贻误军机。为统一调度，就设置了专管军事的总督。

总　督

管辖一省或数省军政的地方最高长官，这个职称起于明朝。宪宗成化五年（1469年）常设两广总督以后，才开始了正规的跨省总督制。但明代的总督，主要负责军务和粮饷，还不是固定的职务。但从此总督职权日益扩大，兼掌民政，实际上逐渐成为地方军政首长。清康熙以后，总督成了正式的封疆大臣，品级为一品，军政民刑都管。其时全国共设直隶、四川、两江、湖广、闽浙、两广、云贵、陕甘八员总督。

都　督

汉末就设置都督，三国时有"都督诸州军事"。周瑜，就是吴国的都督。都督一职，在汉设置时，主要指领兵打仗的将帅，一般不理民事。魏晋以后，有些都督往往兼任驻地的刺史，这样就总揽了军政大权，形成了"军管"。唐代各州都设都督，大都成为当辖区的军政总首长，往往会形成"割据"的独立王国。

提　督

这个官职主要是在清朝成为要职。有两种提督，一种是提督学政，各省一人，掌学校政令，负责岁、科考试，考察师生的优劣，又称为学政、学台。凡全省大事，他有权和督、抚一起参加讨论。另一种提督，即提督军务总兵官，负责一个省的军务。他是从一品，和总督同，比巡抚、藩台、臬台的品级还高。

四书五经

四书五经是四书和五经的合称，是中国儒家经典的书籍。四书指的是《论语》、《孟子》、《大学》和《中庸》；而五经指的是《诗经》、《尚书》、

《礼记》、《周易》和《春秋》，简称为"诗、书、礼、易、春秋"，在之前，还有一本《乐经》，合称"诗、书、礼、乐、易、春秋"，这6本书也被称做"六经"，其中的《乐经》后来亡佚了，就只剩下了五经。《四书五经》是南宋以后儒学的基本书目，儒生学子的必读之书，也是科举考试的范围和核心内容。

科举制度和八股取士

许多少年朋友都知道范进中举的故事，那只是古代著名小说《儒林外史》其中的一个。《儒林外史》维妙维肖地刻画了文人追逐名利的各种丑态，抨击了腐朽的科举制度。

科举制度建立在隋炀帝大业二年（公元606年），这是一种通过逐级考试选拔人才的制度。这种制度刚刚诞生时，还是有一定生命力的，比起以前的选拔人才制度来，还是进步的。在此以前，选拔人才不经过考试，靠推荐，叫作"九品中正制"。三国时代，曹操比较重视人才，他提倡"唯才是举"，选拔和任用了一批确有真才实学的文臣武将。他的儿子曹丕在延康元年（220年）采纳吏部尚书陈群的建议，让各郡推选有声望的人出任"中正"，将当地的士人，根据才能分别评为九等（九品），政府按等选用，这叫作"九品官人法"。这个时期，还能做到曹操用人一贯主张的"不计门第"的原则。到了曹芳时，司马懿当政，在各州设大中正，任用世族豪门的人，选取人才把"家世"放在重要位置。从此，九品中正制就变成了世族地主操纵政权的工具。"上品无寒门，下品无势族"，推荐者都是豪门贵族，中小地主很难被推荐，更不说平民百姓了。推荐制失败了，因为推荐的是门第而不是贤才。

隋朝建立后，隋文帝废除了九品中正制，于开皇7年（587年）设志行修谨、清平干济二科。隋炀帝时开设进士科，通过考试分科选拔官吏，叫作分科取士，也称为科举制度。唐代除进士科外，还设置了秀才、明法、明书、明算等科，还有一史、三史、开元礼、童子、道举等科。唐代女皇帝武则天对科举制度做了发展。她亲自殿试并发明了密封考卷的办法，防止考官徇私舞弊。武则天还首创了武举制度，注意选拔军事人才。

在科举制度中，皇帝特诏举行的考试称为制科。常设的是进士科，这是选拔官吏的最重要的一科。

科举制度和八股文还不是一回事。唐代以诗文取士，因此诗风很盛；宋代用经义取士，所以理学盛行。明清则以八股文取士，即用《四书》、《五经》上的文句为题，规定文章格式必须写八段，起承转合必须写几句。文章的主题是为圣人立言，也就是给《四书》、《五经》做说明，而解释又必须依据宋代理学朱熹的《四书集注》等书。八股文就是如此地机械，诸多条条框框把读书人的头脑束缚得死死的。八股文考不出真才实学。在历史上许多有成就的人物在科举场上都是失意者，像著名小说《聊斋志异》的作者蒲松龄等。八股文进一步加剧了科举制度的衰落和灭亡。

清代光绪 31 年（公元 1905 年），社会推行学校教育，科举制度被废除。

刑法的由来

刑法的"刑"字，在古代写作"荆"，即井旁加一立刀。其含义是，在奴隶社会里实行井田制，井田中间有口井，奴隶主为了防止奴隶来舀水，便派人拿着刀去守卫，谁抢水吃就把谁的头砍掉，这就叫用"刑"。而"法"字，"去"是去曲的意思；用三点水作偏旁，则引喻为执法要公正，像水一样不偏不倚。

中国的法自古以来是指刑律即刑法。从《尚书·吕刑》、晋国"铸刑鼎"到《大清律例》都是一样。刘邦的约法三章是"杀人者死，伤人及盗抵罪"，也是刑律。

我国刑法源于夏朝，以后各代均有刑律。其中《唐律》是封建社会一部较为完备的封建法典。

监狱的由来

中国的监狱产生于何时？是谁发明的？唐朝解释法律的重要著作《唐律疏议》载"皋陶造狱"。皋陶是 4000 多年前的传说中的人物，舜帝时期，曾被任命为刑法官。关于他掌管刑法，发明建造监狱的传说，古籍记载很多，历来视他为监狱的首创者。我国古代监狱中都挂有皋陶的画像，不仅狱吏狱卒，甚至连犯人也像拜神一样拜他。

"监狱"一开始并不叫监狱。夏朝时叫"宫"。商朝叫"圉"，周朝叫"圜土"，秦朝叫"囹圄"，直到汉朝才开始叫"狱"。秦时，不仅京城有狱，地方也开始设狱。汉时，监狱更是名目繁多。南北朝时期的北朝，又开始掘地为狱，发明了"地牢"。唐朝时，州县都有了监狱。宋朝各州都设置了类似周朝的圜土的狱，犯人白天劳役，晚上监禁。明朝京、州、府、县都有监狱，称狱为监也自明律始。《明律·捕亡门》："狱囚脱监及反狱在逃。"笺释："从门出者谓之脱监，逾垣出者谓之越狱。"清朝沿袭下来。监狱的职能，据《唐律疏议》记载，"狱声确也，以实囚情"，"以圜土聚教罢民"，"任之以事，而改教之"。即对犯罪的事实要进行核实，对犯人要教与改。

古代的五刑

古代隋以前以墨、劓、剕、宫、大辟为五刑，隋以后以笞、杖、徒、流、死为五刑。其中，墨刑又叫黥刑、刺字，即在犯人的额上刺字，并涂以墨作为标志。劓，割掉犯人的鼻子。剕刑又称刖刑，即砍掉犯人的脚。宫刑，割去男子的睾丸，破坏女子的生殖机能。大辟，即斩首。笞，用荆棍或竹板子打人。杖，用棍子打。徒，剥夺犯罪人身自由并强制其劳役。流，流放到艰苦的地方受罪。

千刀万剐说凌迟

凌迟，是中国古代处死有罪之人的一种极刑。它是将犯者的体肉一块块割掉，使其受尽痛苦慢慢死去，俗谓"千刀万剐"。

凌迟始于何时，从清末法学家薛允升《唐明律合编》看，"唐律……尔时并无凌迟之法，故律无文"。五代北宋开始，凌迟出现。陆游（宋人）记凌迟情状有："肌肉已死而气息未绝，肝心联络而视听犹存"。《辽史·刑法志》："死刑有绞、斩、凌迟之属。"《明史·刑法志》："（绞斩）二死之外有凌迟，以处大逆不道诸罪者。"它进一步规定了凌迟施用的范围，是用以处罚那些不敬不孝、忤逆背叛之人的。

《元史·刑法志》载："诸子孙杀其祖父母、父母者，凌迟处死。""诸子杀其父母虽瘐死狱中，犹肢解其尸以徇。"杀亲的罪犯即或已死于狱中，仍要施以凌迟之刑肢解其尸体以儆效尤。《明律》："凡谋杀祖父母、父母，已行者皆斩，已杀者皆凌迟处死。"清代的律文与明代同类，实际执行时不仅杀死本人，还要戮及全家，家屋、家庙全部拆毁，当地官员和学校教习也要受处分。

凌迟之数，《国史旧闻》记载颇详，"例该三千三百五十七刀，先十刀一歇一喝。头一日该先剐三百五十七刀，如大指甲片，在胸膛左右起初开刀"，"凌迟三日"。明代的凌迟刑中记录极高，对鞭打母亲的郑鄤割了三千六百刀，对谋反的宦官刘瑾割剐了四千七百刀，割了三日才死去。清代的凌迟又分作二十四刀、三十六刀、七十二刀、一百二十刀等。

凌迟之刑被废除，是在20世纪初的事了。当时在内外矛盾冲击之下，清廷统治下的半封建秩序已无法维持，光绪三十一年（1905年），凌迟以及枭首戮尸等法被"永远删除，俱改斩决"。凌迟的血腥终于不闻。

十恶不赦的由来

"十恶不赦"，现在用来比喻罪大恶极、不可宽恕的人。"十恶"，原指10条大罪，始见于1300年前的北齐法律。隋、唐把这10条大罪的内容略事增删，正式定名"十恶"，写在法典的最前面，以示严重。以后经历宋、元、明、清各代，都规定犯了"十恶"罪不能赦免。

古代"十恶"罪的内容是：1. 谋反，指企图推翻当时的王朝。2. 谋大逆，指毁坏皇室的宗庙、陵墓和宫殿。3. 谋叛，指背叛朝廷。4. 恶逆，指殴打和谋杀祖父母、父母、伯叔等尊长。5. 不道，指杀戮无辜。6. 大不敬，指冒犯帝室尊严。7. 不孝，指不孝祖父母、父母，或在守孝期间结婚、作乐等。8. 不睦，即谋杀某些亲属等。9. 不义，指官吏之间互相杀害，士卒杀长官，学生杀老师，女子闻丈夫死而不举哀或立即改嫁等。10. 内乱，指亲属之间通奸或强奸等。

这是封建时代的产物，其内容有一部分在今天是不能接受的。但由于"十恶"成为"不赦"之罪，影响深广，人们一接触到罪恶大、不可宽恕的事情，很自然地就称为"十恶不赦"。

株连九族

在我国君主专制社会里，是很讲究宗族关系的。一人升官，九族皆荣；一人犯罪，九族株连的历史事件，比比皆是。

诛九族应来自于秦商鞅变法后的夷三族法。"九族"是指亲属，但所指，诸说不同。一说是上自高祖、下至玄孙，即玄孙、曾孙、仍孙（古时称从本身下数第八世孙为仍孙）、子、身、父、祖父、曾祖父、高祖父；一说是父族四、母族三、妻族二，父族四是指姑之子（姑姑的子女）、姊妹之子（外甥）、女儿之子（外孙）、己之同族（父母、兄弟、姐妹、儿女）；母族三是指母之父（外祖父）、母之母（外祖母）、从母子（娘舅）；妻族二是指岳父、岳母。

军制、兵器、战役

军衔流变

军衔制度于清朝末年传入中国后，军衔等级的汉语名称几经变更，我们现在使用的将、校、尉、上、中、少的称谓，是 1912 年 8 月才固定下来的，这已经是军官军衔在中国的第四代称谓了。

第一代，清政府于光绪三十年十一月十四日的《另定新军官制事宜》中提出，光绪三十一年八月十八日《陆军军官军佐任职等缓及补官体制摘要章程》正式命名。上等军官称都统，中等军官称参领，下等军官称军校，每等分正、副、协三级，如正都统、副参领、协军校等。

第二代，辛亥革命胜利后不久，南京临时政府在《军士制服令》中颁行。上等官称将校，中等官称领，次等官称尉，每等分大、中、少三级，如中将校、少领、大尉等。

第三代，南京临时政府在 1912 年 1 月 16 日颁布的《陆军军官佐士兵等级表》中公布。上等官佐改称将军，中等官佐改称都尉，初等官佐改称军校，每等分大、左、右三级，如大将军、左都尉、右军校等。

第四代，北洋政府 1912 年 8 月 19 日颁发的《陆军官佐士兵等级表》中公布。上等官称将官，中等官称校官，初等官称尉官，每等分上、中、少三级。这种称谓一直被沿用下来，只是后来在每一等里面的级数上有所增益。如 1935 年国民政府将上将分为特级上将、一级上将、二级上将和三级上将。我军实行军衔制期间，增设了大将、大校和大尉。

此外，20 世纪 30 年代国民政府公布《边疆武职人员叙授官衔暂行条例》，为蒙古、康藏、新疆等地的武职人员制定了另外一种衔称。一等官称统，二等官称领，三等官称卫，每等分都、副、协三级，如协统、副领、都卫等。

准尉，清政府和南京临时政府期间称额外军官，北洋政府改称准尉后一直未变。

军士，自清政府宣统元年九月二十九日《陆军人员补官暂行章程》中设上士、中士、下士衔后，除南京临时政府在《军士制服令》中一度改军士为"兵目"外，一直被历届政府所沿用。

兵，清政府于宣统三年二月九日，正式设立正兵、一等兵、二等兵衔。辛亥革命后改正兵为上等兵，其余相因不改。我军实行军衔制早期，设上等兵、列兵两级兵衔。

中国历届政府数次命名的上述军衔汉语称谓，是从哪里来的呢？有人认为将、校、尉、士等名号，是外来的"国际通用的军衔名称"，这是一种误解。其实，这些军衔的汉语称谓，都是以我国古时的职官名称命名的。如前三次命名的都统、将校、参领、都尉、领、军校等名号，均为我国清代以前的官名。现在使用的元帅、将、校、尉、士等名称，则是我国更为古老的职官称谓。

元帅，渊源于《左传·僖公二十七年》所载晋文公的"谋元帅"，唐代设有元帅、副元帅等战时最高统帅，宋代有兵马大元帅，元代有都元帅、元帅。

将军，春秋以前，军队的统帅叫卿，卿以下叫大夫，大夫以下叫士。到了春秋时代，诸侯为了扩大势力范围，不断增加兵力，因此，大国诸侯常常拥有三军（天子有六军，每军2500人）以上的兵力，而编制上他只有三军，只能设三卿。于是就把扩充军的统帅称作"将军"，意即将领一军的意思。以后军队数量越来越大，将军也就越来越多了。作战时军队得由一人统率，因此，在将军中选拔出"大将军"或"上将军"来全盘指挥。到了汉代，军队数量更多，单设一位大将也管不过来了。于是又出现了骠骑将军、车骑将军、卫将军等级别。以后，各朝将军的名称虽不尽相同，但将军分成许多级别这一原则却是相同的。

校，为古代军队的编制单位，统带一校之官称校尉。汉武帝初置中垒、屯骑、步兵、越骑、长水、胡骑、射声、虎贲等八校尉，为专掌特种军队的将领，其地位略次于将军，后通称将佐为八校。唐代折冲府以 300 人为团，团有校尉。

尉，春秋时晋国上中下三军皆设尉，秦汉时，太尉、大尉、中尉地位颇高，以后带尉字的官号地位逐渐下降。明清时的卫士和八九品阶官称校尉，清代七品官中有正尉、副尉。

士，夏商周三代，天子诸侯皆有上士、中士、下士之官，是卿大夫以下的低级官职。秦以后间有袭用古制在军中而以上、中、下士为官秩者。

新中国成立后，军衔制成为世界上大多国家军队的重要制度之一。实行军衔制，有利于军队正规化建设，有利于诸兵种协同作战，也便于国际交往。中国人民解放军于 1955 年第一次实行军衔制，1965 年取消，1988 年起，实行新的军衔制。

1955～1965 年，中国人民解放军军衔制：

元帅：大元帅（未授予），元帅（10 人）。

将军：大将（10 人），上将（57 人），中将（177 人），少将（1360 人）。

校官：大校，上校，中校，少校。

尉官：大尉，上尉，中尉，少尉，准尉（增设，一般授予副排级干部）。

士官：上士，中士，下士。

士兵：上等兵，列兵。

1988 年开始实行的新的军衔制：

将军：上将，中将（集团军的军长，和各个大军区的司令、政委），少将（一般为集团军的副军长）。

校官：大校（一般是师级干部比如：师长，师政委），上校，中校，少校。

尉官：大尉，上尉，中尉，少尉，准尉（增设，一般授予副排级干部）。

士官：一级士官，二级士官，三级士官，四级士官，五级士官，六级士官。

士兵：上等兵，列兵。

冠军原是军事用语

在体育竞赛活动中，成绩最佳者被称为冠军。这称呼是怎么来的呢？

公元前209年，中国历史上爆发了第一次大规模的农民起义。当时楚国有一位奋起反抗秦朝暴政的大将宋义，英勇善战，十分威武，秦兵屡屡败于他的手下。由于他战功赫赫，位居诸将之上，于是楚军将士赠给他一个光荣的称号："卿子冠军"。这是中国历史上第一个荣获"冠军"称号的人。

到了汉代，冠军一词继续沿用。据《汉书·霍去病传》记载，霍去病就以战功官拜骠骑将军，封"冠军侯"。汉代以后，战功卓著的武将，也都采用了冠军为官衔。从魏晋到南北朝各代，都设有"冠军将军"，唐朝也设有"冠军大将军"的官衔。直到清朝，护卫帝王的銮仪卫及旗手卫的首领，也称为"冠军使"。

现在，冠军一词在体育竞赛、文娱游艺等活动中被广泛采用。

最早的骑兵

春秋时期秦穆公的"畴骑"，是我国历史上最早的骑兵。"畴骑"，见之于《韩非子·十过》。以往旧注大多为"畴，等也。言马齐等皆精妙也"。或干脆注为："畴骑，同一规格的马。"这种解释是不妥当的。《史记·历书》裴骃集解引如淳曰："家业世相传为畴。"清人钱大昕说："如氏家业世世相传之解，最为精当……。"而凡世相传之业，皆可当畴人之目也。"因此，"畴骑"应释为"世世传习骑术者"。古多世业，父子相传，兄弟相及，在骑兵刚刚出现的时候，骑术是一种比较特殊的军事技术，因而成为"世世相传之业"是很自然的。从秦穆公以武力助重耳入晋，一次派"畴骑"两千来看，"畴骑"所指不是单个的骑马者，而是具有军事意义的中国历史上最早的骑兵。

娘子军的由来

孙武来到吴国帮助吴王图霸。吴王要试他的兵法，将宫中美女180人交给他训练。孙武将她们分为两队，以吴王两个宠爱的妃子充任队长。两人不听约束，嘻嘻哈哈。孙武下令将两人处斩，另任队长。美女们害怕起来，都认真听从孙武指挥，进行操练，很是整齐，完全合乎规格。这大概也可说是操练娘子军的先声了。当然娘子军的正式出现还在后来。

隋朝末年，李世民推动他的父亲李渊起兵反隋。李渊的三女儿李氏回到陕西户县故乡，散发家产，招募了大批士兵，又联络了当地农民武装，合并了几支零散的起义军，兵力扩充到7万。公元617年，李氏率领着这支队伍和李世民在渭北会师，宣布了隋王朝的末日。李渊称帝后，李氏被封为平阳公主。这以后，李氏统领的军队号称"娘子军"。

至于以女子为基本成员，又有严密组织的娘子军，则是从太平天国的女军开始的。太平天国的女军是在男女平等的政治纲领指导下成立的，以前、后、左、中、右和数字一至八来编排番号，共40军，每军5200人，总计10万之众。

古今三军

古代的"三军"，有好多种概念。它最早源于春秋时期。周朝制度，天子建六军，诸侯大国设三军，一军为12500人。春秋时，大国一般多设三军，如晋国称中军、上军、下军；楚国称中军、左军、右军；齐国、鲁国和吴国都设上、中、下三军。在三军中，各设将、佐，以中军将为三军统帅。中军的地位也比较高，战斗力更强一些。也有人把春秋时的步、车、骑合称为三军。

随着时代的演进，上军、中军、下军又渐渐被前军、中军、后军所代替。到了唐宋之后，这已经成为军队的一种固定建制。这时的三军，主要标志着担任不同作战任务的各种部队。前军是军队行军或作战的先锋部队，中军即由主将亲自统率的部队，也是全军的主力，后军是军队行军或作战时，担任后方掩护、警戒任务的部队。

古代军队中，最大的编制单位就是军。军的编制，历代沿用其名，但人数多少不一。汉代实行5人为伍，2伍为伙，5伙为队，2队为官，2官为曲，2曲为部，2部为校，2校为裨，2裨为军的编制。宋代在军队中设军一级的编制，其统兵长官为指挥使和都虞侯。

今天，前军、中军、后军，在我们军队建制中已完全消亡了。陆、海、空军成为新的"三军"。

五花八门

事情变化多、花样多，是成语"五花八门"的含义。其实"五花八门"原是古代战术中的阵势："五花"是五行阵；"八门"则是八门阵。

春秋战国时期，许多战略家都懂得使用五行阵。五行系指金、木、水、火、土。古人认为，构成各种物质的种种元素即是五行。加之五行又代表白、青、黑、红、黄五种色素，它们混在一起还可变为多种颜色，能够使人眼花缭乱。

八门阵也称八卦阵，这个阵势，原来是按照八卦的次第列为阵势的。但是，八八可变成六十四卦，常使对方军队陷入迷离莫辨之中。相传，春秋时期的孙武、孙膑最早运用八门阵。后来三国时期的诸葛亮又将八门阵改变成为"八阵图"。

《孙子兵法》

2000 多年前的春秋时代，列国纷争，兵戈不止，总结和研究战争规律的"兵家"十分活跃。我国历史上最早的一部兵书，也是世界上最早的军事专著诞生了，这就是大军事家孙武著的《孙子兵法》。

孙武是齐国人，人们尊称他为孙子或孙武子。他对兵法很有研究，但在国内没有受到人们赏识，于是他到了吴国。

孙武指挥吴军以 3 万主力，大败楚国 20 万大军，称霸一时，西破强楚，南服越人，北威齐晋，成为春秋末年的盟主。

孙武总结了实际经验，写成了《孙子兵法》一书。这本书历来被誉为"兵学圣典"，置于《武经七书》之首。现在流传在世上的本子中，以魏武帝曹操所注的一本最著名，共有 13 篇：《计》、《作战》、《谋攻》、《形》、《势》、《虚实》、《军事》、《九变》、《行军》、《地形》、《九地》、《火攻》、

《用间》，约 6000 字。

在《孙子兵法》中，孙武提出决定战争胜负的因素是多方面的。只有靠着士卒和百姓的支持，才能取得胜利。《孙子兵法》包含着许多朴素的辩证法思想。它指出："不战而屈人之兵，善之善者也"，即不经过战争而能降服对方的军队，这才是最好的。这体现了孙武不单纯以力胜人的科学军事思想。

孙武提出的"避实击虚，避强击弱"、"神出鬼没，出奇制胜"、"攻其不备，出其不意"等立足于多变的战术指导原则和"知己知彼，百战不殆"的科学论断现在已家喻户晓。孙武的军事理论，对后世的中外军事家，政治家都产生了深刻的影响。他被奉为先秦兵家的始祖。战国时期的韩非、西汉的司马迁、三国时的曹操以及唐太宗李世民都曾高度评价孙武和他的兵法。

大约在公元 7 世纪，《孙子兵法》传入日本。18 世纪后，又译成法、英、德、捷、俄多种文字。日本人尊孙武为"武圣"，把他与"儒圣"孔子并列。18 世纪，当时横行欧洲大陆的法国军事统帅拿破仑看到了《孙子兵法》，立即爱不释手，对中国 2000 多年前卓越的军事理论、军事哲学深表钦佩。在第一次世界大战中遭到失败的德国皇帝，事后看到了《孙子兵法》，他悔恨自己晚读了 20 年。

孙武及《孙子兵法》彪炳史册，闻名中外，有些国家的军事院校还把《孙子兵法》作为军官学习的必修课程之一。美国有些战略家甚至还以它为根据提出自己的核战略思想。1972 年，美国出版的约翰·柯林斯《大战略》，称孙武是"古代第一个形成战略的伟大人物"。

三令五申

成语"三令五申"是一再命令告诫的意思。语出《史记·孙子吴起列传》。这句成语，许多人经常用到，但"三令"令的是什么？"五申"申的又是什么？宋代曾公亮撰《武经总要》书中记载了三令五申的具体所指。

原来，古之所谓"三令"：一令观敌人之谋，视道路之便，知生死之地；二令听金鼓、视旌旗，以齐其耳目；三令举斧钺，以宣其刑赏。

所谓"五申"：一申赏罚，以一其心；二申视分合，以一其途；三申画战阵旌旗；四申夜战听火鼓；五申听令不恭，视之以斧钺。这就是三令与五申的内容，是教育将士应该在战阵中和军事行动中明确的作战守则。

击鼓与鸣金

远在 2500 年前，已有与行军关联的"金"和"鼓"。在《诗经·小雅》第三章有"钲人伐鼓"一句，古人行军时有"钲"（音征）和"鼓"。这句的意思就是："掌管鸣钲和击鼓的官员（钲人），这时在击鼓。"击鼓和鸣金是古代军事指挥的号令之一。《荀子·议兵》："闻鼓声而进，闻金声而退。"《曹刿论战》载长勺之战中，齐国、鲁国都是击鼓进攻。击鼓除用以鼓舞士兵进攻外，部队驻扎和行军时也通过鼓声发布号令。《文献通考·乐考十一》载："军城及野营行军在外，日出没时捶鼓千槌，三百三十槌为一通；鼓音止，角音动，吹十二首为一叠；三角三鼓而昏明毕。"这里击鼓是报时和警众。

"鸣金"就是"鸣钲"，并不是"鸣锣"。在《说文解字》上没有"锣"字。"锣"字出现很晚，是乐器。后世的"鸣锣开道"是指官府仪仗行进时，在前面敲锣使民众回避、让路，与军事无关。《说文解字》上说："钲，似铃，柄年上下通。"段玉裁的注解中说它像铃，但没有舌，靠柄上下活动，撞击钲中心壳体，发出响声。也就是一种铙铃，或单个的串铃。在《诗》毛传中说："钲以静之，鼓以动之。"现在用"鼓动"这个成语，也是从这里来的。击鼓前进，鸣钲止步。后来陈奂在《诗》毛传疏文上说，这"钲、鼓"主要用在演习作战上。真正在战场上厮杀，用号角、口令，当然比"钲、鼓"更有效了。

虎符与金牌

战国时期，有个有名的故事《信陵君窃符救赵》，说的是魏国的信陵君偷来了兵符，调动了军队去援救了赵国。这个"符"，就是古代有权调动军队的信物——虎符。它由帝王授予臣属。符由铜铸成老虎形状，背上有铭文（刻在金属上的文字），可分为两半，一半由帝王自存，另一半发给地方统兵将帅。军队调动时，必须验合这两半符，相符合，才能生效。虎符流行于战国时代、秦代和汉代。

与军事有关的信物还有羽檄、金牌和火牌。

羽檄也叫作"羽书"，是古代一种紧急的军事文书，上面插羽毛作为标志。《汉书·高帝纪》中有这样的句子："吾以羽檄征天下兵，未有至者。"这里的"檄"，就是以木简为信，长1尺2寸，作征召之用；如有急事，则加插鸟羽毛，以表示紧急。后来，抗日战争时期，根据地用的鸡毛信，就有点羽檄的意思。

火牌是清代传递军用文书的凭证。《清会典·兵部车驾司》记载："凡驿递，验以火牌，定其迟速之限。"就是说，凡是从驿站传递文书，

虎　符

都要检验火牌，并根据它决定传递的速度。通常传递文书，以日行240里为度；如遇军事上紧急文书，规定日行400～600里的，要由经办机构签明。

金牌通称金字牌，是"金字牌急脚递"的简称，是古代最紧急的军事信邮。宋代大科学家沈括在《梦溪笔谈·官政》一书中记载："驿传有三等：步递、马递、急脚递。急脚递最遽，日行四百里，唯军兴则用之。熙宁中，又有金字牌急脚递，如古之羽檄也，以木牌朱漆黄金字，光明眩目，过如飞电，望之者无不避路，日行五百余里。"金牌——"金字牌急脚递"，始于北宋神宗熙宁年间。当时，北部边疆异族兴起，边事争端不断发生。神宗为了调遣边疆统帅的军队，用"金字牌"作为皇权的信符，用于调兵遣将。绍兴10年（1140年），秦桧与高宗合谋，一日之间发金牌12道，把正要乘胜追击的抗金名将岳飞从朱仙镇召回，结果给金兵以喘息之机，使宋朝由胜转败。

元代遇到军务紧急时，用"金字圆符"、"银字圆符"作为加快传递的标志。

十八般兵器

"十八般兵器"之称是从"十八般武艺"一词演化而来。"十八般武艺"始见于南宋华岳编的兵书《翠微北征录》，华岳曾中过武状元。此书编成于南宋嘉定元年（1208年），他在书中自称"臣闻"，可见"十八般武艺"的说法实际上还要早。可惜宋代的兵书多毁于兵燹，今传者寥寥无几，"十八船武艺"的原始出处和内涵今天已无从查考。明代谢肇淛在《五杂俎》中对"十八般武艺"的具体内容作了记述："一弓、二弩、三枪、四刀、五剑、六矛、七盾、八斧、九钺、十戟、十一鞭、十二简、十三挝、十四殳、十五叉、十六把、十七绵绳套索、十八白打。"前十七种都是兵器的名称，第十八般名目"白打"，就是"徒手拳术"。

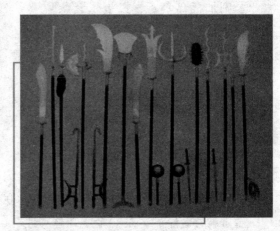

十八般兵器

《水浒传》写到的十八样是：矛、锤、弓、弩、铳、鞭、锏、剑、链、挝、斧、钺、戈、戟、牌、棒、枪、扒。还有谓十八般武艺是指九长九短：九长是枪、戟、棍、钺、叉、锐、钩、槊、环；九短是刀、剑、拐、斧、鞭、锏、锤、棒、杵。

官渡之战

官渡之战爆发在公元200年，是东汉末年军阀混战中，曹操与袁绍争夺中原地区的关键性一仗。通过这次战役，曹操以少胜多，以弱胜强，打败了袁绍，统一了北方。

袁绍是当时显赫一时的大世族豪强势力，于公元199年，大体上统一了河北。曹操当时控制了汉献帝，"挟天子以令诸侯"，大体上统一了河南。于是，袁绍和曹操之间的大规模兼并战争爆发了。

公元199年春，袁绍调兵10万，进攻黎阳，准备一举打下许昌，消灭曹操。曹操以两万左右的兵力抗击袁绍。曹操亲自率兵，打败了与袁绍联合的刘备，俘虏了他的妻子，又迫使刘备的大将关羽投降，从而解除了后顾之忧。这以后，曹操迅速移兵官渡，准备迎击袁绍。

公元200年8月，袁绍进军官渡。袁军依河丘屯营，东西达几十里，曹军也立营相拒。打了几仗，曹军不利，坚壁不出。袁军筑楼台，堆土山，居高临下攻打曹营，结果曹操用霹雳车击破了袁军楼台。袁军一计不

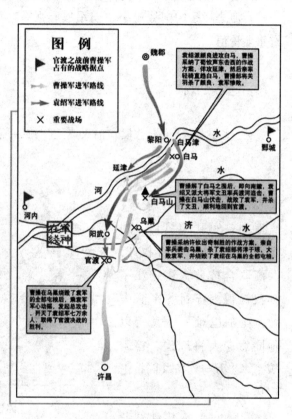

官渡之战战略图

成又生一计，又挖道一直通向曹营，曹操针锋相对，在营外挖深沟以防御。就这样，双方大军在官渡相持了好几个月。

曹军转机终于来到了。同年10月，袁绍派大将淳于琼带兵一万多人押送军粮，驻在大营以北40里处。此时袁绍未能采纳谋士许攸、大将沮授的建议，结果袁军内部众叛亲离。许攸投降了曹操，将袁绍的情况告诉给了曹操，并建议他偷袭故市、乌巢，烧掉袁绍军粮，以此置袁绍于死地。曹操听后非常高兴，认为这是出奇制胜的好机会。他调兵遣将，并亲率五千

轻兵，假冒袁军，让战马口衔横杖，军士每人抱一捆干柴，连夜抄小道行进。天将亮，曹军已到乌巢，包围了袁军，焚烧了军粮，袁军大乱，死的死，逃的逃，降的降。最后，袁绍和他的儿子袁谭仅带 800 骑兵逃回河北。曹操取得了官渡之战的胜利。

官渡之战是中国战史中"弱军战胜强军"的有名战例，在军事科学上有重要价值。

赤壁之战

公元 208 年秋天，曹操在消灭袁绍，统一北方后，又挥军南下，打算统一全国。

曹操率领号称 80 万的大军，自江陵沿江东下，直逼刘备军驻地夏口。刘备派诸葛亮去江东孙权处，共商联合抗曹大事。江东孙权懂得，若刘备军队失败，江东也难保全，所以他同意派大将周瑜、鲁肃等率军 3 万与刘备共同抗击曹兵。

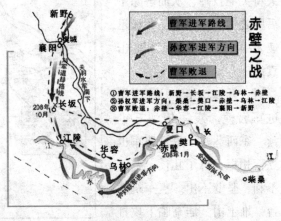

赤壁之战战略图

曹操的军队和孙刘联军在赤壁相遇，隔江与孙刘联军对峙。曹操鉴于北方军队不惯水战，下令用铁索把战舰连锁在一起，以便兵士在船上行走如履平地，但这却给孙、刘联军采用火攻创造了机会。曹操本想利用优势兵力，一鼓而下，打败敌人，现在却处在了被动挨打的局面。相反的，孙刘联军却士气旺盛，积极求战，准备火攻。一天夜里，东南风大起，周瑜的部将黄盖假称投降曹操，带了 10 艘战船，船里面满载着灌了油的柴草，顺着风势直向曹操营寨驶去。看看离曹营不远，各船同时燃起火来，迅速地向曹操的水军战船冲去。火烈风猛，刹时间，曹军战船燃起大火，用铁索连起来的船也无法拆开，一时烈焰冲天，曹操的水寨化成了火海。一会儿工夫，曹军岸上的营寨也烈火熊熊，曹军人马烧死、溺死的不计其数。孙刘联军分水陆两路乘胜追击，曹军遭到了惨重的失败，最后曹操只剩 18 骑残兵败将，败走华容，逃回北方。

"赤壁之战"也是我国古代史上一个以少胜多的战役。

淝水之战

"淝水之战"是我国古代史上又一次以少胜多的战役。

公元 4 世纪前后，我国北方，由氐族人建立的前秦王朝统治着；南方，由东晋王朝统治着。前秦国王苻坚一心想向南扩展，统一全国。

公元 383 年，苻坚强迫征发汉族和各族人民当兵。

淝水之战

他带领步兵 60 万、骑兵 20 万向南进发，自恃兵多，并以为能取胜，曾骄傲地对部下说："我拥有这么多的军队，大家只要把马鞭投在长江里，就可以截断长江的巨流。"

东晋宰相谢安派精兵 8 万人迎战，为了稳定军心，他邀请亲友一起游山下棋，以示镇静。

东晋和前秦的军队在淝水两岸隔河对峙。前秦先是攻占了淝水岸边的寿阳县，之后，苻坚派部下朱序到晋营诱降。朱序本是晋将，被迫降秦，心还向着东晋。朱序同晋军约定了瓦解秦军的计划。东晋大将通知苻坚，说晋军准备渡过淝水会战，要求秦军向后退出一块空地来作战场。苻坚想乘晋军渡河的时候袭击晋军，就命令秦军后退。秦军里的各族兵士，阵势一移动，朱序又乘机在阵后高呼："秦军败了！秦军败了！"前秦兵士听到呼声，顿时如潮水般地向北方溃退。晋军乘势渡过淝水，奋勇追击。苻坚中了箭，单骑逃命。秦军一路上听到风声鹤唳，还以为追兵到了，昼夜奔跑，不敢停留。苻坚逃到洛阳，收集残兵，只剩了10多万人，损失的有十之七八。

黄埔军校

1924年1月，孙中山改组国民党，实现了第一次国共合作。为了适应国共合作的迫切需要，孙中山着手筹备国民党陆军军官学校，地址在广州附近的黄埔。学校全称为"黄埔陆军军官学校"，通称"黄埔军校"。

军校总理由孙中山亲自兼任。当时蒋介石任校长，副校长李济深，国民党左派领袖廖仲恺任学校党代表。

在校长和党代表之下，分设政治、教练、教授3个部和军需、管理、军医3个处，另设政治总教官和军事总教官各一人。政治部主任周恩来，秘书聂荣臻；教练部主任李济深，副主任邓演达；教授部主任王柏岭；政治部总教官戴季陶，军事总教官何应钦；苏联顾问长（总顾问）契班列诺夫。中国共产党从各地选派了许多共产党员和社会主义青年团员进校学习，还先后派周恩来、叶剑英、聂荣臻、恽代英、肖楚女、熊雄等人到黄埔军校负责政治工作和其他重要工作。

黄埔军校从1924年5月5日招收第一期学生起，到1927年蒋介石宣布停办止，先后办了7期，共招收学生15400余人。

黄埔军校学生军在两次东征讨伐军阀陈炯明和平息盘踞广州的滇、桂军阀杨希闵、刘震寰的叛乱中，都起了一定的作用。军校还为北伐军培养了大批骨干。但是，蒋介石利用职权，培植亲信，挤压共产党人。到1927年"四一二"反革命政变后，该校已成为蒋介石推行其反共内战政策的工具。

发明、医学、工艺

造纸术

造纸术是中国古代的四大发明之一，迄今已有 2200 年的历史。很早以前，人们在甲骨、金石、简册、木牍、缣帛上书写文字，因简牍笨重，缣帛昂贵而不易普及。考古工作者曾在西安灞桥西汉古墓中发现了一叠古纸，叫做灞桥纸。由此说明汉初我国已用麻、苎造纸，但质地粗糙，只宜用于包裹。甘肃居延金关西汉烽塞遗址发现的麻纸片，质薄匀细，已经可以书写。大约两汉之际，已用纸来写经。《后汉书·贾逵传》已提到"纸经传"。当时造纸用的原料少，成本高，满足不了社会的需要。

怎样发明一种原料来源广泛、价格又便宜的纸呢？东汉和帝时候，管理宫廷用品的尚方令（官名）蔡伦，在总结前人经验的基础上，终于制成了质地坚韧，造价便宜的优质纸。

蔡伦是东汉桂阳（今湖南郴县）人，他从小到皇宫去当宦官。在他做尚方令期间，因为监督制造宝剑和其他器械，经常和工匠们接触，于是就和他们一起研究改进造纸方法，用树皮、麻头、破布、废鱼网为原料造纸。他把这些原料铡碎，放在水里浸渍相当时间，再捣烂成浆状物，薄薄地摊在细帘子上，干燥后，帘子上的薄片就变成纸张了。这种纸体轻质薄，原料好找，价钱便宜，可以大量生产，受到人们的欢迎。东汉元兴 6 年（公元 105 年），蔡伦把这个重大的成就报告朝廷，东汉和帝通令全国。从此，他的造纸术很快在全国推广开来。因为蔡伦曾经当过"龙亭侯"，人们便把他发明的纸叫"蔡侯纸"。

蔡伦死后80年的东汉末年，一位叫左伯的造纸能手将蔡伦的造纸术又加以改进，造出一种厚薄均匀、色彩鲜明的纸，人们称为"左伯纸"。西晋时，我国的南方盛行藤纸，尤其是剡溪的"剡藤"更驰名官方。六朝时使用帘床捞纸，并用黄檗染潢、雌黄治书，以防蛀蠹。唐代麻纸产量日增，扬州六合纸"入水不濡"。剡溪古藤已供不应求，至中唐，逐渐被竹、檀、秸、藁所取代。北宋初年，江苏、浙江、福建均以嫩竹造纸，剡溪"姚黄"、"学士"、"邵公"3种纸，为竹纸中的精品。以后，南方竹纸，"闽省独专其盛"。随着造纸中加矾、加胶、涂粉、洒金、染色技术的不断提高，纸的品种日益增多。仅唐代就有益州黄白麻纸、两浙案纸、蒲州细白麻纸、宣州玉版檀纸等名纸，以及十色笺、五色金花绫纸、水纹纸、糊窗纸锡箔纸等各种色纸。尤其是玄宗时萧诚造的斑石纹纸和宪宗时薛涛造的深红小彩笺闻名天下。宋代崛起的楮桑皮纸和自古就有的麻纸，至今仍为高级纸品。印钞票用的就是麻纸。

我国的造纸术大约在公元7世纪首先传到越南和朝鲜，公元751年传到阿拉伯国家。12世纪中叶又从阿拉伯传到西班牙，17世纪末传到美洲大陆，最后传遍全世界。由于造纸技术的发明，大大提高了传播文化的速度和规模，促进了各国经济和文化的发展。这也是我国对世界文明的重大贡献。

印刷术

我国是世界上最早掌握印刷术的国家。据记载，最早的印刷术，是隋唐之际发明的刻版印刷术。刻版印刷是用手工刻出阳文反字，涂上黑墨，复印在纸上。这种方法比手抄书籍效率提高若干倍。

刻版印刷术发明后，在今四川和长江中下游，已有书商印售历书、诗歌、小学字书及阴阳迷信书等。12世纪初，浙江、福建、山西等地的书坊刻书业已发达起来。官府刻书最早始于10世纪初，历代专职刻书的机构一般属国子监。印刷技术形式有写刻、朱墨印、几色套印等。我国的刻版印刷早于欧洲800年。刻版印刷的发明和刻体图书的流通，对当时的文化传播和保存祖国文化起到了极大作用。

北宋仁宗庆历年间，浙江杭州一位刻字印刷工人毕昇，经过刻苦钻研，反复实践，终于创造出了世界上第一套胶泥活字印刷技术。他在制成方块的胶泥上刻上反字，一字一枚，然后放进土窑里用火烧硬，再按字韵顺序排列在专用盒子里。印书时按稿把一个个活字捡排在铁框中。而铁框底部撒有松香、蜂蜡、纸灰等带有黏性的混合物。将排好字的铁框拿到火上加热、压平，再经冷却，便成了版型。在版型上涂上墨，就可以印刷了。印完后，将版型在火上略加烘烤，即可取出单字，供重复排版使用。为了加快印刷速度，毕昇还采用两套制版设备，即一版在印，另一版又在排字了。两版交替进行，每版可印千次以上，速度快，质量好。印版中发现错字，可随时更换。这样，省时、省工、省料。毕昇发明活字印刷的消息，轰动了当时的印刷业。前来参观的人从早到晚络绎不绝，一致称赞。不久，活字印刷术在国内广泛使用。这种胶泥活字印刷的原理，与现在的铅字排印原理基本一致，也是现代铅字印刷的前身。宋代著名科学家沈括对毕昇的活字印刷术评价极高，不但在他的名著《梦溪笔谈》中作了详细记载，而且还精心保存了毕昇所创造的胶泥活字。

　　元代著名农学家王祯茬毕昇胶泥活字的基础上，成功地创制了木活字印刷技术。他先在整块木板上刻字，然后按字体大小锯成统一规格的方块，在木框内排字，活字与活字之间的空隙用竹片塞紧，便可印刷。这"巧便之法"克服了"难予使墨，率多印坏，所以不能久行"的胶泥活字的缺点。王祯第一次用木活字试印了一部自编的 6 万多字的书《旌德县志》，印装一百部，前后只花了一个月的时间。当时，这可是惊人的成就！后来，他为了提高排字效率，又发明了"转轮排字盘"。用轻质木料做成大轮盘，直径约 7 尺，轮轴高约 3 尺，轮盘装在轮轴上可以自由转动；把木活字按字韵分别放入盘内一个个格子里。排字工匠可转轮找字，"以字就人"，按韵取字，不必来回走动。这些发明，在他所著的《造活字印书法》一书里都有详细叙述。这部书，也是世界上最早的系统叙述印刷术的重要文献。由于木活字印刷优点很多，所以很快流传开来了。它不仅有汉字，也有少数民族文字。清朝年间，人们在甘肃敦煌石窟中曾发现许多 14 世纪的木活字，上面刻的就是古维吾尔族文。可惜，这些珍贵的古代木活字，大部分被帝国主义分子盗走了。

　　《西夏文佛经》是我国现存最早的木活字印刷品。它印制于 14 世纪初。

是解放后在宁夏发现的。我国历史上规模最大的一次用木活字印刷的书，是1773年印刷的《武英殿聚珍版丛书》，计2300多卷，它所用的木活字全部用枣木刻成。

我国的活字印刷技术大约于8世纪传入朝鲜，后来又东渡大海传入日本，不久又传入越南、菲律宾。西边，则沿着丝绸之路通过伊朗传到埃及等阿拉伯国家，13世纪传入意大利，14世纪传入德国，15世纪传入英国，16世纪传入俄国和墨西哥，18世纪传入美国、加拿大，传入大洋洲时已是19世纪了。至此，我国的印刷术传遍全世界。

公元1456年德国人谷腾里用活字印成《圣经》，是欧洲使用活字印刷的第一个人，但比毕昇发明活字印刷术的年代晚了400年。我国发明的活字印刷术，与造纸、指南针、火药，被誉为我国古代的四大发明，是中华民族对人类文明的重大贡献。马克思说："火药把骑士阶层炸得粉碎，指南针打开了世界市场并建立了殖民地，而印刷术却变成了新教的工具，总的来说，变成科学复兴的手段，变成对精神发展创造必要前提的最大杠杆。"

指南针

指南针和造纸术、印刷术、火药是举世闻名的我国古代发明，是中华民族对世界文明作出的伟大贡献。指南针是一种指示方位的简单仪器。它的主要结构，是由一根能灵活转动的磁针和一标有方位的刻度盘构成。磁针在地磁的作用下。能保持在磁子午线平面内，利用这一性能，可以辨别方向。

我们的古人最早发现磁石及其吸铁性，进而发现了磁石的指极性，于是把天然磁铁琢成勺形，叫作"司南"。这出现于2000多年前的战国时代，最早记载见于《韩非子·有度》。在应用"司南"的基础上，人们发现用磁石沿一个方向多次摩擦过的钢针等物也有指南特性，于是发明了指南针。宋初还出现过"指南鱼"，是浮在水面上的一种指南器具。1086年，北宋著名科学家沈括所著的《梦溪笔谈》记载，当时有4种不同装置的针型指南针，即水浮法、缕悬法、指甲法和碗唇法。此时已能制造人工磁体。《梦溪补笔谈·药议》载有："以磁石磨针锋，则锐处常指南"。11世纪末，我国便开始在航海上使用了指南针。宋人朱彧曾记述了 1099～1102 年间，在海船上使用指南针的经过。1123 年，徐兢到朝鲜去，回国后描述这次航海过程说，白天靠太阳定位，晚上在海洋中不可停留，注意看星斗而前进，如果天黑可用指南浮针，来决定南北方向。1274 年，南宋吴自牧所著《梦粱录》中记载："风雨冥晦时，唯凭针盘而行。"南宋时，把磁针与分方位的仪器组装成一个整体，这种新仪器叫针盘，或叫地螺（罗），也有叫子午盘、定盘针、经盘、罗盘的。元代还造成立针式指南工具——指南龟、指南鱼。张燮的《东西洋考·舟师考》记载，明代海上航行，"独恃指南针为导引，或单用，或指两间，凭其所向，荡舟以行。"

早在公元前 3 世纪，我国就有了关于磁针的文献记录。我国的指南针，大约 12 世纪传到阿拉伯国家和欧洲，大大地促进了世界航海事业及整个人类社会的发展。

火 药

我国现在看到的第一部记载火药配方的书，约成书于八九世纪。书中说"以硫磺、雄黄合硝石，并密烧之"，会发生"焰起，烧手面及火尽屋舍"的现象。这里的"密"应该是蜂蜜的"蜜"，蜜加热能变成炭。硫磺、硝石与炭混合，这就是火药的配方。

火药的发明是人们长期炼丹实践的结果，至今已有 1000 多年历史。

炼丹术中很重要的一种方法就是"火法炼丹"。它直接与火药的发明有关系。所谓"火法炼丹"大约是一种无水的加热方法，晋代葛洪在《抱朴子》中对火法有所记载，火法大致包括：煅（长时间高温加热）、炼（干燥物质的加热）、灸（局部烘烤）、熔（熔化）、抽（蒸馏）、飞（又叫升，就是升华）、优（加热使物质变性）。这些方法都是最基本的化学方法，这也是炼丹术这种愚昧的职业能够产生发明的基础。炼丹家的虔诚和寻找长生不老之药的挫折，使得炼丹家不得不反复实验和寻找新的方法。这样就为火药的发明创造了条件。

炼丹家对于硫磺、砒霜等具有猛毒的金石药，在使用之前，常用烧灼的办法"伏"一下，"伏"是降伏的意思。使毒性失去或减低，这种手续称为"伏火"。

火药不能解决长生不老的问题，又容易着火，炼丹家对他并不感兴趣。火药的配方由炼丹家转到军事家手里，就成为中国古代四大发明之一的火药。

不过，火药的最初使用并非在军事上，而是在宋代诸军马戏的杂技演出，以及木偶戏中的烟火杂技。宋代演出"抱锣"、"硬鬼"、"哑艺剧"等杂技节目，都运用刚刚兴起的火药制品"爆仗"和"吐火"等，以制造神秘气氛。宋人同时也以火药表演幻术，如喷出烟火云雾以遁人、变物等，以收神奇迷离的效果。

约在 12 世纪，火药首先传入阿拉伯国家，然后传到希腊和欧洲乃至世界各地。对人类社会的文明进步，对经济和科学文化的发展起了推动作用。美法各国直到 14 世纪中叶，才有应用火药和火器的记载。

圭表与日晷

圭表，也称土圭，是我国一种古老的天文仪器，用它来测量日影的长度。它包括圭和表两部分。表是直立的标竿，圭是在表下端南北方向放置的水平尺，多为铜或石制造。它的创制确切年代已不可考，可能在商朝就已经有了。

圭平卧而表立在圭的南端，二者互相垂直，组成简单的天文仪器。古人用它测量太阳。当太阳在最北面而位置最高的时候，表的影子最短，这时候就是夏至；当太阳在最南面而位置最低的时候，表的影子最长，这时候就是冬至。因此，测量相邻两次日影最长或最短之间所经历的时间，即可推算一年的日数，以定回归年的长度，并且用它来推定 24 节气。春秋时代已经使用。战国时期以前古人已懂得使用铅垂来校正表的垂直，使它观测准确。

元代著名科学家郭守敬对古代圭作了重大改进，进一步提高了测量的精度。

日晷，又称日规。它是我国古代测定太阳时的仪器，起源于圭表。远在春秋时期，古人已用这种方法测定时刻。

日晷由一根表（晷针）和刻有时刻线的晷面组成。按照晷面安置的方向，可分为：地平日晷、赤道日晷、立晷（晷面平行卯酉面）、斜晷（晷面置于任何其他方向）等。如把晷面制成半球形，晷针顶点在球心，就是球面日晷。如果在晷面上按当地的地理纬度和节气刻制节气晷线，从表影的方

日 晷

向和尖端的位置可以测定节气的时刻，这是节气日晷。

我国日晷的早期发展情况还不清楚。目前第一个明确可靠的日晷记载是《隋书·天文志》所载开皇十四年（594 年）麟州司马袁充发明的短影平仪，是一种地平日晷。南宋曾敏行《独醒杂志》卷 2 记载他的族人曾瞻民（字南仲），发明了"晷影图"所说的结构和后世的赤道日晷基本相同，但晷面是木制的。元代著名科学家郭守敬创制的仰仪，兼有球面日晷的作用。明末天启年间（1621～1627 年）陆仲玉著《日月星晷式》，介绍了各种日晷的制法，并涉及测星、月用的星晷和月晷。

世界上第一架地震仪

在中国历史博物馆的陈列大厅里，许多国内外的参观者都被世界上第一架地震仪的复原模型所吸引。人们不觉惊叹古代中国人的聪明智慧。

这架地震仪的发明者是我国东汉著名天文学家，南阳郡西鄂（今河南省南召县南）人张衡。他精通天文历算，曾两度担任执管天文的太史令。他在公元 132 年发明的世界上第一架测定地震方位曲地动仪，比国外类似仪器早 1000 多年。

这架地震仪用精钢制成，圆径 8 尺，形状像个大酒樽。上面有个盖子，内部有一个中枢机械"都柱"。柱旁通着 8 条道，每条道上有发动机关，周

围铸有 8 条龙。龙嘴里各含一个小铜球，对着东、西、南、北和东南、东北、西南、西北 8 个方位。在地上，对准龙嘴蹲着 8 个铜蛤蟆，昂着头，张着嘴巴。哪个方向如果发生了地震，仪器上对着这个方向的龙嘴就会张开，嘴里的铜球就落到蛤蟆嘴里发出响亮的声音，报告震源的方向。这是因为，在平时，地震仪平稳地放着，都柱也垂直竖立在仪器的中央。但因为都柱上粗下细，重心高，支面小，像个倒立的不倒翁，

张衡发明的地震仪复原图

这样就极容易受震动而倾倒。譬如东方发生地震，东面的地壳自然发生波动，震波影响都柱，都柱自然倒向震动方向。沉重的都柱向东倒下后，于是推动了东方的横杆，横杆推开含有铜球的东面的龙嘴，于是龙嘴吐出了铜球。

有一次，位于仪器西方的龙嘴里的铜球"当啷"一声落到了蛤蟆嘴里。但洛阳并没有地震的征兆和感觉，有些人便议论纷纷，乘机讥笑说，张衡发明的地震仪并不科学。没想到过了几天，从西北来人飞报消息，说是距洛阳 1000 多里的兰州、临洮、陇西一带的陇西郡，发生了地震，大家这才信服了地震仪，赞叹它果真如此灵敏准确，从此，"铜龙报警"这个故事便在朝野上下和广大群众中广泛流传开来。

张衡为人正直、治学严谨。是我国科学文化史上一位多才多艺的科学家。他还研究制造成观测风向的候风仪，并曾制造出一种能飞的"木雕"等精巧机械，对天文、地理、数学、哲学都很有研究。他经过长期观察计算出，人们在一个地方看到的星座，共有 2500 多颗，这和现今天文学家的统计基本一致。他绘制的一幅地形图曾流传了好几百年。他还是东汉有名的文学家，著有《两京赋》，他又是东汉六大画家之一。

僧一行和子午线

我国唐朝的僧一行是世界上最早测量子午线的天文学家。

僧一行（公元673～727年），未出家前姓张，名遂，世称一行阿阇梨，巨鹿（今属河北）人。他是唐朝初年襄州都督、郯国公张公谨的孙子。他从小热爱学习，博览群书，尤其喜欢研究天文和历法。青年时期，他更加不畏艰苦，勤奋好学。21岁时，他跟从荆州景禅师出家为僧，不久又跟从嵩山普寂学禅。后来，他还跟从善无畏、金刚智学密法。

僧一行精通佛学、历法、数学和天文。唐开元（公元713～741年）中，唐玄宗招聘学者、名流进京。他随族叔、礼部郎中张恰被召入长安。从此，他埋头天象观测和历法改革，直至终生。开元十五年（公元727年），一行奉命修成《大衍历》，这在当时是较先进的。在数学上，他发明了不等式间距二次差内插法公式，并著有《大日经疏》二十卷和《摄调伏藏》。

他还与梁令瓒一道制成浑天铜仪（古代测定天体球面坐标的仪器），以及黄道游仪，用以重新测定150颗恒星的位置。他发现自己测量的恒星赤道（天球赤道，它是地球赤道面和天球相交的大圆圈）坐标和对黄道（地球公转轨道平面和天球相交的大圆圈）的相对位置中得出来的数据，与前代天文学上测量的数据相比，差异很大，而且黄道上的位置也不同。由此，僧一行推断，恒星并非静止，也在运动。

公元1718年，英国的天文学家哈雷根据测量恒星的黄道度数与古希腊时代不同，也提出恒星运动的观点。但是，这比一行的发现晚了近1000年。

僧一行在天文学上最大贡献，在于他最早测量了子午线（通过地面某点连接南北极的假想线）的长度。

唐开元十二年（公元724年），在僧一行的倡议和领导下，同太史监（唐掌天文历法的官员）南宫说合作，开展了一次大规模的天文测量活动。测量内容包括春分、夏至、秋分、冬至的正午时八尺之竿的日影长度、北极高度和昼夜的长短等。测量点多达13处。北起铁勒（今内蒙北），南达林邑（今越南中部）。重点测量了滑州（今河南滑县）、浚仪（今开封）、扶沟和上蔡这4个地点的北极高度和日影长度，还测量了这4个地点之间的距离。其结果为，从滑州到上蔡，北极高度差1度半，南北距离为526里270步（唐以300步为一里），夏至日影长相差2寸多。计算结果为，北极高度相差1度，南北两地相隔350里80步，合现在151.07千米。这个结果虽不十分精确，但在方法上是一个极大进步，也是世界上首次如此大规模进行测量子午线工作。

国外最早测量子午线的是阿拉伯天文学家阿尔·花剌子模等人。他们于公元814年在美索不达米亚进行了测量子午线的工作，比我国晚了近90年。

僧一行以其举世瞩目的成就，被公认为世界古代著名科学家。

针灸术

针灸是针法和灸法的总称。针法是用各种特制针具，施行一定的刺激方法作用于经络穴位，灸法主要是用艾绒等物熏灼经络穴位以防治疾病。

上古时，人们以草熏体表，以砭石或荆棘、骨针等刺激人体，是最早的针灸术。《淮南·务修训》记载有"庖牺（伏羲）制九针"。"所谓九针，为镵、圆、鍉、锋、铍、圆利、毫、长、大针"，除用于外科、按摩外，也有用于针灸者。针灸针主要内容是通晓经络，选取穴位，控制深度与针灸时间等。

在湖南长沙马王堆汉墓中出土的帛书中，有先秦的《足臂十一脉灸经》、《阴阳十一脉灸经》，书中记载有齿脉、耳脉、肩脉等，可知扁鹊用针灸等法治虢太子尸蹶时，医家已善用针灸术。书中还专门记述了用灸法治疗各种疼痛、各部位痉挛、烦心、恶寒等多样病症。战国时代的医书《黄帝内经》中多方面记述了针灸的适应症，并论述了各种脏腑疾病的针灸疗法。目前所知最早的金针实物是河北满城出土的西汉金针。

医籍中的《灵枢经》奠定了针灸的理论基础。东汉末皇甫谧编著了一部《黄帝三部针灸甲乙经》，简称《甲乙经》。它是以古代的《针经》（后世认为即《灵枢经》）、《素问》、《明堂孔穴针灸治要》3部书汇集整理而成的。全书总共12卷，128篇，是皇甫谧对针灸古书"使事类相从，删其浮辞，除其重复，论其精要"的辛勤劳动的结晶。书中详细地记载了全身649个经穴的部位和主治疾病、针刺分寸、艾灸壮数，并提出了较为科学的针灸操作方法和禁忌等，是一部系统地总结前人用针灸治病的临床经验的著作。唐代孙思邈、王焘绘制的彩色针灸挂图有重要学术价值。宋元太医设有针灸科。天圣间（1023～1032年）王惟一的《铜人腧穴针灸图经》，统一周身651个穴位，并设计监制两具铜人以测试考生。元末滑寿的《十四经发挥》成为日本针灸取穴的依据。明代杨继洲的《针灸大成》汇收古籍、家传，为针灸学的重要文献。

针灸术简易、方便、应用范围广。对内科、外科、妇科、儿科、五官科等各种疾病的预防和治疗都有显著的、迅速的疗效，没有或很少有副作用。

针灸术不仅对我国医疗事业有很大影响，而早在秦汉时期就已传到朝鲜、日本、东南亚和中亚地区。宋元以后，随着海路航运事业的发展，针灸术也被介绍到欧洲一些国家去造福人类。

1958年，我国的医务工作者在继承古代针灸术的基础上，用针刺麻醉代替药物麻醉施行外科手术获得成功，这引起国内外医务界的极大兴趣。针刺麻醉是以针刺穴位，使病人能在清醒状态下接受手术的一种局部麻醉方法。它不用麻醉药，病人神态清醒，能主动配合，生理干扰少，术后恢复快，尤其适用于不宜进行药物麻醉的病人。针刺麻醉安全、简便、经济、有效、没有痛苦，受到人们的普遍欢迎。

中国最早发明人痘接种法

今天，每一个新生的婴儿都要种牛痘，以预防"天花"。1979年10月21日，联合国世界卫生组织宣布，最后一名天花患者在索马里南部已被治愈，天花从此在地球上绝迹，这是人类第一次征服一种烈性传染病的光辉成绩。战胜天花要归功于牛痘预防接种，正是预防接种免使人们感染天花。在发明接种牛痘之前，人们首先发明了人痘接种技术，该项技术是我国古人对世界医学做出的重要贡献。

我国自古就有以毒攻毒的治疗方法。例如晋代的葛洪记述"疗狂犬咬方，仍杀所咬犬，取脑敷之，后不复发"；隋朝巢元方谈到治恙虫的医方，即杀恙螨制散而服。种痘也是这个道理。

天花这种传染病，大约是在汉代的时候由俘虏传入我国，所以也叫"虏疮"，后又称豆疮、疱疮、登豆疮、天行斑疮等。明代以前，对这种病一直没有有效的防治方法。关于天花的流行，葛洪的《肘后方》已有记载，唐宋记载更多。自宋以后，已有人不满足于疗效不佳的医法，开始探索预防天花的方法。种痘法至迟发明于明朝隆庆年间（公元 1567～1572 年）（清俞茂鲲《痘科金镜赋集解》）。至于具体的方法，在张璐的《医通》（公元 1695 年）中记有痘衣、痘浆、旱苗等法，并指出种痘法的推广是"始自江右（宁国太平县），达于燕齐，近者遍行南北"。

古代痘衣法是把天花患者的衬衣，留给被接种人穿用，使受感染。痘浆法是用蘸有疮浆的棉花塞入被接种人的鼻孔里，使受感染。旱苗法是将痘痂阴干研细，用小管吹入被接种儿童的鼻孔里。也有先用水把痘痂干粉调匀后使用，称为水苗法。旱苗法和水苗法都是用痘痂作为痘苗，虽然方法上比痘衣法和痘浆法有改进，但仍有一定危险性。

清代朱奕梁在他的《种痘心法》中记述一种经过接种多次的痘痂作疫苗，"其苗传种愈久，则药力之提拔愈清，人工之选炼愈熟，火毒汰尽，精气独存，所以万全而无害也"。这种对人痘苗的选育方法，完全符合现代制备疫苗的科学原理。

我国发明人痘接种法之后，很快传播到世界各地。康熙 27 年（公元 1688 年），俄国首先派人"至中国学痘医"（俞正燮《癸巳存稿》），不久又从俄国传入土耳其。1717 年英国驻土耳其大使蒙塔古夫人在君士坦丁堡学得种痘法，随即传入英国和欧洲各地。18 世纪中叶，人痘接种法已传遍欧洲大陆。

1796 年英国人琴纳发明牛痘接种法，1806 年由葡萄牙商人传入我国。因为牛痘法更加安全，从而逐渐取代了人痘接种法。

中医悬壶

我国古时候，人们的伤病都用中药来治疗。不知你注意过没有，中药常常与葫芦有关。有句俗话叫"不知葫芦里装的是什么药"。看来，药是装在葫芦里的。连古典神话小说《西游记》中，太上老君炼的仙丹都是装在葫芦里呢。

传说，很久以前，发生过一场大瘟疫。有一个集镇死了很多的人。这种病没有办法医治，得了病的人都绝望地等待死神降临。有一天，镇上来了一个神奇的老翁。他在集上开设了一间药店，门前悬挂着一个药葫芦，专门治这种瘟病。来这看病的人，吃了老翁从药葫芦里倒出来的一粒药丸以后，病就好了。可是这个老翁十分奇怪，每到集市罢集时，他跳入药葫芦里就不见了。这样，尽管老翁治好了许多人，可是人们始终不知他葫芦里装的是什么药。后来，人们用"不知葫芦里装的是什么药"这句话，来比喻对某种事物不知其中的隐秘。

这个传说出现以后，各地中医和中药店门前都要悬挂个药葫芦作为标志，人们称为"悬壶"。虽然现在中药店门前已不再挂"悬壶"，但是这个神奇的传说，却流传了下来。

孙思邈与《千金方》

孙思邈是隋唐时期京兆华原（今陕西耀县）人。他是我国古代伟大的医药学家。他精湛的医术、高尚的医德，毕生钻研医学的精神，千百年来一直为人们所传颂。

他自幼体弱多病，因家境贫穷，没钱医治，险些夭折。多亏遇到了一位采药人，经抢救才得活命。饱尝疾病之苦和求医之难的孙思邈立志学医，为穷苦人治病解痛。他读了几年经史典籍后，就拜师学医。他孜孜不倦地攻读医书，习医治病，长进很快。由于他博览群书，青年时期就成了远近闻名的"善庄、老及百家之说"的学者。隋文帝杨坚曾召他为"国子博士"，唐太宗李世民给他"授以爵位"、唐高宗李治拜他为"谏议大夫"孙思邈全"固辞不受"。他这种不慕名利、拒官从医的高贵品格，深为人们所敬重。

孙思邈治病，在针药治疗的同时，很注意精神治疗。《新唐书》记载，孙思邈给当时的大文学家卢照邻治疗"恶疾"时，引经据典，旁征博引，指出："形体有可愈之疾，天地有可消之灾"，鼓励他与疾病作斗争。卢照邻终于被劝慰所感动，消除了忧郁，很快恢复了健康。

孙思邈在行医过程中，勤于实践，勇于创新。一次，他遇到生命垂危的闭尿病人，急中生智，大胆地试用葱叶插入病人尿道，导尿成功。用葱叶导尿是世界上最早的导尿术，它比 1860 年法国医生拿力敦发明的用橡皮管导尿要早 1000 多年。

孙思邈医虎图

还有一次，他为人治腿疼病，用古书所记穴位针灸，全没有疗效，孙思邈不因循守旧，勇敢地反复钻研、实践，终于找到了正确的穴位，使病人发出了"阿"、"是"的反应声，从而治好了这人的腿疼病。以后人们便把这种取穴和方法称为"阿是穴"。

公元 652 年，孙思邈认真总结了唐代以前的医药理论、临床经验，并根据自己多年的医疗实践，写成了一部 30 卷的《备急千金要方》。这是我国最早的医学分类专著。全书广泛收集前代名家方书及民间验方，尤其重视儿童和妇女疾病的诊治，首先提出设立儿科和妇科，并把它列在卷首。他还首先记载了脚气病的正确治疗和预防方法。欧洲人第一次论述脚气瘤是 1642 年，比他晚了 1000 年。在内科、外科等疾病的诊断、预防以及主治方药、食物营养、针灸等方面论述十分详尽。这部专著以脏腑、寒热、虚实分类、列证治 232 门，记载了 5300 多个药方。他首创复方，提出一方治多病，或多方治一病的方法。以后孙思邈又用 30 年的时间写成《备急千金要方》续篇 30 卷，取名《千金翼方》。开头为药录，辑录药物 800 多种，详论其性味、主治等，其中有些是以前没有收录的新药和外来药。他还对 200 多种药物的采集和炮制作了专门记述。他还绘制了 3 幅大型彩色针灸挂图，分别把人体正面、背面和侧面的 12 经脉用五色绘出，把奇经八脉用绿色绘出。后人经常把这两部内容十分丰富的医药文献合称为《千金方》。

孙思邈也是我国古代著名长寿人。当他百岁时，"犹视听不衰，神采甚茂"。魏征主修南北朝史时，曾多次走访孙思邈，他"口以传授，有如目睹"。孙思邈对我国药物学、医学有杰出的贡献，赢得人们的尊敬和爱戴，后世尊他为"药王"。到了明代，人们把他所著的药书，刻于五通碑石上，立于陕西耀县东部的磬玉山上。这五通碑石，镌刻药方数万余字，至今保存完好，成为举世罕见的药方石刻。孙思邈当年生活和采药的磬玉山遂改称为"药王山"。

《本草纲目》

"本草"，是中药药物的总称。汉有《神农本草经》，后有《唐本草》。《新修本草》，是唐显庆二年，苏敬、长孙无忌等人奉诏所撰，为世界上最早的国家药典。宋代又修《开宝本草》等书。明代李时珍（公元 1518～1593 年）编写的《本草纲目》，在我国医学宝库中，占有极其重要的位置，它是一部闻名中外影响深远的药学巨著。

李时珍，湖北蕲州（今湖北蕲春县）人，出生在一个世代行医的家庭里。在封建时代，"十医九丐"，社会地位很低，被人们看不起。所以，父亲很希望李时珍能读书做官，光宗耀祖，但李时珍从小跟父亲学了许多医药知识，爱上医学，经再三请求后跟父亲正式看病行医。李时珍从小就喜欢到大自然中去采集各种植物、动物的标本，并注意到其中一些药物的疗效。他还读了不少医书，凡是能找到的都认真钻研。不久，他被推荐到京城的太医院工作，使他有机会读到更多医药方面的著作。他发现古人著的"本草"有很多错漏，有时把一种药物误为两种；有时又把两种药物混为一谈。如果据此用药，就会发生重大医疗事故。例如防葵和狼毒、黄精和勾吻，药书上就把它弄混了。狼毒、勾吻全是毒性很大的药，把它当做补药用，就会害死人。又如古书上说，大豆能解毒。他让小狗吃了毒物，然后用大豆解毒，结果小狗还是死了。后来他试验，发现大豆加上甘草，解毒效力才显出来。因此，他下定决心，要把古代的《本草》全面加以整理，编一本新《本草》出来。

于是，他离开了太医院，一面行医，一面读书作笔记。到 35 岁时，他已读了 800 多种药书，摘记的笔记有几百万字，能装几个柜子。有一次，李时珍见书上说，白花蛇皮下有 24 块斜方形的花纹。为了证明真假，他一个人爬上山，抓了一只白花蛇，果然肚皮下有 24 块斜方形花纹。这事更启发他要在实践中增长才干，为重修《本草》准备更科学的物质条件。

他带着行医中的问题，背着行囊，离开家乡。为了找寻药物标本，辨证真伪，他不怕山高路远，不避严寒酷暑，走遍了河南、河北、江西、安徽、江苏等地的山山水水，虚心向劳动人民请教，拜他们为师。向渔民、猎人、樵夫、农民、游医学习水生植物、鸟类野兽、树林百草、五谷杂粮、民间验方等知识。

李时珍采药图

1578 年，李时珍已经 61 岁了。从 34 岁到 61 岁，他经过整整 27 年的艰苦劳动，看了近千种书，走了上万里路，听取了千万人的意见，结合自己的亲身实践终于写成了《本草纲目》。全书共 190 万字，52 卷，16 部，62 类。其中植物 1195 种，动物 340 种，矿石 357 种。共搜集药物 1892 味。此外，书前附有药物图 1110 幅，每味药后附有用法和方剂，典载了 11096 个药方。李时珍的《本草纲目》"综核究竟，直窥渊海"，系统地总结了我国古代医学的丰富经验。它"振纲分耳，纲目分明，博而不繁，详而有要"，使人看了一目了然。

民间工艺三朵花

我国民间工艺美术历史悠久，技艺高超。窗花、团花、烙花是我国工艺美术花坛中的三朵花。

窗花，是民间剪纸艺术的一个品种。它具有简洁、明快、朴实和装饰等特点。窗花是我国劳动人民喜闻乐见的艺术形式。历来年节和喜庆的日子里，许多人家的门窗内外，都贴上窗花、吊钱儿，以增加节日气氛。窗花来自民间，出自劳动人民自己的手，是反映自己的生活的艺术创作，表达了劳动人民追求幸福、和平的美好愿望、朴实的情感。人们把象征吉祥、富足的各种动物、花卉形象逼真地剪好，贴在窗户上，如"五谷丰登"、"六畜兴旺"、"喜鹊登枝"等。窗花，现已成为一种特定的装饰艺术品。

团花，也叫球花，是单独纹样的一种。它是将选取的写生素材组成圆形纹样，有作四周放射状的，有作旋转环绕状的。在古代的青铜器上，以及瓷器、陶器、印花被单、床罩或花布上，都有不少的团花装饰，为人们所喜爱。

烙花，也叫烫花，是我国民间工艺品之一。用烧热的铁扦在扇骨、梳篦、葵扇或木制、竹制家具上烫出各种人物、走兽、山水、花鸟等纹样。河南省南阳出产的烙花工艺品闻名国内外。

内画壶

用一根约 20 厘米长的竹签，顶端削尖弯成钩状，或绑上狼毫，蘸上颜色，伸进鼻烟壶内，在磨砂内壁上绘以人物、花鸟、走兽乃至书法等。这是我国独特的手工工艺，难怪海外人士说它是"神秘的、不可思议"的艺术，击节赞赏，叹为观止。

中国内画壶工艺有两大流派，河北衡水的内画壶在国际市场上被称为"冀派"，所用壶有玻璃、水晶、玛瑙三大类。工艺美术家王习三的"清代帝后肖像"系列内画壶是其佳作，题材是自顺治至光绪的清代皇帝、皇后的肖像。采用单线墨彩技法，立体感强，生动形象。1981 年，美国一位收藏家重金购买后在纽约展出，引起轰动。尔后，王习三又创制了"历届美国总统肖像"系列内画壶，正面为总统肖像，背面为其生平文字，更是杰作。

"冀派"内画壶，集内画、外画两种技法之长，还创制了内、外画鼻烟壶，更受到海内外人士的热烈欢迎。

北京内画壶被称为"京派"，至今已有200多年的历史。早期在光滑透明的水晶、玻璃上作画，艺术上受到一定限制，画面都比较简单。后来，发明了用金刚砂等在壶的内壁磨砂，色白而不滑，如同在宣纸上作画，从而使中国国画技法在内画壶上得以充分发挥，内画艺术大大前进了一步。

北京内画壶富有晚清文人绘画的风格，题材广泛，绘画精细，字画结合，别具韵味，在海内外享有盛誉。

山东博山的内画技艺是清代光绪年间由北京传去的。后来，他们研究出用铁砂摇磨法，使瓶的内壁产生毛面，以便敷彩作画，技艺更上一层。他们还发明了将陶瓷釉彩用于内画艺术，画面永不褪色，艺术效果更佳。他们创作的"水浒一百零八将"、"红楼梦"、"百美图"、"清明上河图"等，在海内外均获得很高的评价。

脸 谱

脸谱，是一些剧种的面部化妆艺术，它是由历代戏曲中逐渐演变出来的化妆程式。京剧脸谱最为丰富而完备，其中以净角和丑角为主，把不同人物的性格特点，通过面部化妆表现得淋漓尽致，具有独特的民族风格。同时把脸谱制作成型也成了工艺美术的一种，可以供人欣赏。

脸谱来源于唐代的乐舞面具。唐教坊记里有"大面"之说。"大面"出自北齐，是说北齐兰陵王高长荣，貌如美女，勇武过人，但他担心自己的容貌不足以慑敌，于是刻木作狰狞面具，每出阵时戴上，勇冠三军。有人把这个故事编为乐舞《兰陵王入阵曲》，谓之"大面"。这种面具，乃是后世脸谱的滥觞，后来发展为直接在脸上构图。

工艺美术中的脸谱是一种新的面具形式的欣赏品。我国工艺脸谱以北京最为出色。北京脸谱厂主要是塑造京剧脸谱。北京名艺人"花面桂千"

以设计名净脸谱出名，他的作品清新秀雅，色调优美。老艺人王稔田擅长设计精、灵、鬼、神脸谱，精于用红、白、绿等色，施色怪异，对比强烈，诱人。双启祥艺人画的脸谱，油、粉间施，韵味无穷，尤以绘制昆曲名净侯玉山的脸谱为妙。北京脸谱是极受欢迎的旅游工艺纪念品，外宾和华侨尤为喜爱，争相购买。

工艺脸谱类别繁多，有三块瓦、老脸、碎脸、白脸沫，十字脸、和尚脸、太监脸、火判脸、家形脸、神妖脸、歪斜脸等等，每一类又可分多种色彩和式样。脸谱的构图原则一般都不太细，太实，讲究

京剧脸谱

会意、夸张；往往通过色彩搭配。调和、衬托、对比以及线条、图案的对称、呼应等艺术手法，给人以丰富的想象和美感，这乃是脸谱的艺术魅力。

贵州布依族在脸谱艺术中独树一帜。在演出"地戏"时，头上戴"脸子"（即面具）。这种"脸子"，是用整块木料挖雕而成，然后根据人物性格特征进行各种脸谱的彩绘，其用色和汉族戏曲脸谱用色程式大致相同，如红脸象征忠勇，黑脸象征刚直，白脸象征奸诈等等。其雕工、彩绘都十分精致而优美，性格特征往往更为强烈。如武将眉弓突出，鼻翼怒张，眼球大而圆鼓，显得十分傈悍勇猛。

装　裱

一幅古旧字画，虽已支离破碎，一经装裱，完好如初，这已不能不令人惊奇。而苏州著名装裱名师谢根宝，竟将明代仇十洲的一幅人物画"洛神"上面的黄斑、霉点、污迹等全部清理干净。所用技法，看起来也不复杂，不过是水洗、涂酸、配纸等等，真个让人惊叹叫绝。

装裱是我国独特的手工艺，尤以苏州装裱为最著名，清代就有"关裱最善，他处无及"的赞誉。本来杭州装裱为上，自明代宣德年间，苏州就

逐渐取代杭州，成为全国装裱工业的中心。前面提到的整理古画的技艺，就是苏州工艺家的杰作。在清代，苏州装裱艺人还曾奉旨进京，在内府装裱"历代帝后像"。

苏州装裱的种类大致有绫裱、绢裱、纸裱等。格式务求美观大方，上下镶嵌的尺度和左右边缘的宽窄，都要与书画或悬挂的地位相称。或长或宽，不强求划一。

装裱古画就要靠技师的手法和经验了。无论是揭纸、用水冲洗、配纸、裁镶、浆糊、接笔等，都非一般技艺可以完成的。

武汉装裱工艺也有自己的传统，加以吸收苏裱的特点，逐渐发展，清末已颇有名声。近年来，采用新材料、新工艺、新款式后，已初步形成武汉装裱的特色，致使武汉出口国画的声誉与日俱增。他们又解决了裱画翘曲的问题，并成功地将金丝缎、万寿缎用于装裱面料，收到较好的艺术效果。又试制了新的装裱面料锦绫，推广全国。

最近几年，我国和日本还在装裱工艺上进行了交流，进一步促进了这项工艺技艺的发展。

文房四宝

文房就是书房。旧时把书房中使用的笔、墨、纸、砚4种文具称为文房四宝。这4种文具最负盛名的有浙江湖州的湖笔、安徽徽州的徽墨、安徽宣州的宣纸、广东端州的端砚。

毛笔，为我国所特有，作为一种书写工具已有几千年的历史。商代已有原始的笔，春秋时期已能制造毛笔。河南信阳长台关、湖南长沙的春秋战国楚墓中，就有优质的兔箭毛

文房四宝

做成的毛笔。湖笔因发源于浙江湖州善琏镇而得名。湖笔用杭嘉湖平原出产的羊毛，每只羊只选二三两，经过72道工序制成。它以选料严格，制作精良享有盛誉。毫锋有尖、齐、圆、健四大优点，为世人所喜爱。

墨，据目前所知，最早的烟墨是在湖北省云梦睡虎地秦墓和江陵凤凰山西汉墓发现的。这时的墨没有制成锭，而只作成小圆块，因此不能用手直接拿着在砚台上研，必须用研石压着来研。出土的秦、西汉的砚都附有研石。东汉墨的形状从圆块改进成墨锭，可直接用手拿着研。从此，研石就渐渐绝迹了。徽墨产生于安徽徽州的歙县、休宁一带。制墨始于唐末。易州著名墨工奚超父子避乱江南时，改进易水制墨法，制成"新安香墨"，其特色是"落纸如漆，色泽黑润，经久不褪，舐笔不胶，香味浓郁，丰肌腻理"，驰名中外。徽墨被李后主称之为"天下冠"。

纸，是我国"四大发明"之一。2000年前，我国劳动人民为了取得蚕丝，把煮沸过的蚕茧放在芦席上，再浸入水中，用棍棒打，分离出一丝丝的长纤维。将蚕丝晾干收贮后，芦席上还往往黏留下一层薄薄碎丝绒。人们将这层薄绒丝揭下来包东西，后来，有人将这种薄物再捣烂，把捣烂的浆捞起来铺平晒干，用它来写文字。西汉时期已制成植物纤维纸。宣纸因产于安徽宣州府（今泾县）而得名。起于唐初，历代相沿。初以青檀树皮为主要原料，宋、元以后又用楮、桑、竹、麻，后扩大到十几种。宣纸的特点是质地绵韧、纹理美观、洁白细密、墨韵层次清晰，可经久不坏。善于表现笔墨的浓淡润湿，变化无穷，别开生面。在古代诗人的笔下，宣纸被喻为"莹润如玉"、"冰翼凝霜"、"滑如春冰密如茧"等，人们称赞它为"纸中之王"、"纸寿千年"。

砚，在我国的历史极为悠久。1980年我国在陕西临潼出土了一套绘画工具，其中有一块石砚上面还盖有石盖，掀开石盖，砚石凹处有只石质磨棒。这一发现证明我国制作和使用石砚的历史早在古秦以前。端砚是我国著名传统实用工艺美术品之一。广东省端州（今肇庆市）东郊的端溪，早在6500年前，即为端砚产地。端州之石属水成岩，石质细腻、坚实、幼嫩、滋润。当时的端州以砚为业者占全城人数的一半。端砚为历史文人赞赏，誉为"群砚之首"。

综录、数目、其他

一刹那有多久

我们读书看报时，常见到"刹那"、"瞬间"、"弹指"、"须臾"等字跟，这些都是表示非常短暂的时间概念。它们到底有多久时间？它们之间是否有差别？

我们可从古代的梵典中找到明确的答案，在《僧祇律》中即有这样的记载：

"一刹那者为一念，二十念为一瞬，二十瞬为一弹指，二十弹指为一罗预，二十罗预为一须臾，一日一夜有三十须臾。"

据此，可推算出具体时间来。即一天一夜24小时有480万个"刹那"，或24万个"瞬间"，12千个"弹指"，30个"须臾"。再细算，一昼夜有86400秒，那么，一"须臾"等于2880秒（48分钟），一"弹指"为7.2秒，一"瞬间"为0.36秒，一"刹那"却只有0.018秒。

自由古今说

自由一词并非外来语。最早见于汉代郑玄《周礼》注："去止不敢自由。"《三国志·吴志·朱桓传》也说："桓性护前，耻为下人，每临敌交战，节度不得自由。"但古人所说的自由一词，不是作为政治概念使用，而是指能按个人的意向行动，不受限制。

自由作为一个政治概念，是近代从西方传人中国的。

我国近代著名翻译家严复，1899 年翻译了英国政治思想家穆勒的《自由论》。由于严复并不赞成资产阶级的"自由"口号，忌讳"自由"一词，将书名改泽为《群己权界说》。在没有办法回避的时候，他用了一个同音词，将"自由"译作"自繇"。

1902 年，梁启超发表《论自由》一文，他说"自由者，天下之公理，人生之要具，无往而不适用者也"。但他认为自由不是绝对的，个人的自由必须"以不侵人之自由为界"。又说，"文明自由者，自由于法律之下"，"真自由者必能服从，服从者何？服法律也"。他还以一人之身体为例，说任口自由，乱食东西，必然引起大病，口的自由也就失去了。任手自由，随便杀人，"大罚浸至，而手所固有之自由亦失矣"。梁启超的自由观，在当时是有启蒙意义的。

广东近代有一位女杰张竹君，她是番禺人，被誉为"女界之梁启超"。她对自由的解释也很精辟，说："欧西之论自由者，曰个人之自由，以他人之自由为界。吾谓自由可以行星之运行比之，其运行，自由也；其运行而遵一定之轨道，此其界也。"认为个人的自由，必须以不侵犯他人的自由为界限。自由不是任所欲为，而是遵循一定轨迹活动的。

"百姓"探源

常听有人说："我只不过是个普普通通的老百姓。"其实，在我国上古时期，"百姓"并非指芸芸众生的庶民、农夫，而是指有钱有势的贵族。

"百姓"一词，最早见于《尚书·尧典》："九族既睦，平章百姓；百姓昭明，协和万邦，黎民于变时雍！"有位名叫郑玄的学者注释得很清楚，他说："百姓，谓百官族姓；万邦，谓天下公民。……百姓者，群臣之弟子是也。"

司马迁的《史记·夏本纪》中，也提到"禹奉帝命，命诸侯百姓，兴人徒以敷土"。由此可见，在我国上古时期，"百姓"指那些地位仅仅次于诸侯的贵族子弟。

对于"百姓"一词，解释最为清楚明了的是清代著名学者俞正燮，他在《癸巳类稿》一书中，直截了当地阐明了"百姓"一词的真正含义，其云："百姓，专以仕宦言之。"

可见，"百姓"最早并非指的是普通平民，只是到了战国以后，伴随着封建制彻底取代了奴隶制，"百姓"才逐渐演变为平民的通称。

走后门的来历

宋哲宗（年号有元祐）死后，徽宗继位，重用蔡京为相，蔡京一伙拼命排斥和贬谪元祐旧臣，相传还规定其子女亲属不得出仕和入京……

有一次，一个大官据案中坐，传判各事。有个和尚要求离京出游，因其戒牒是元祐年间的，即逼其还俗；一个道士遗失度牒要求补发，因是元祐年间出家的，立即被剥下道袍当老百姓。这时，一个属官上前低声说："今国库发下来的俸钱一千贯，皆为元祐钱文，如何处置？"大官略作沉思，悄悄地说："那就走后门，从后门搬进来吧！"

尚方宝剑

"尚方宝剑"，又叫上方宝剑。在传统戏曲中经常会有头戴乌纱帽，身穿大红袍的钦差大臣威风凛凛地唱："本大臣有尚方宝剑，先斩后奏！"这说明，持有"尚方宝剑"的人权力很大，要杀谁就杀谁。

"尚方宝剑"就是"尚方"铸造的宝剑。"尚方"是皇宫里掌管皇帝及皇室衣食住行的衙门少府中的一个部门。从汉朝开始就有，在秦时叫小府。

四灵为何物

龙、凤、麒麟、龟，合称为"四灵"，是我国古代吉祥的象征。

龙 "龙"为四灵之首，是想象出来的神物。在君主专制社会里，龙是皇帝的象征。皇帝穿的衣服叫"龙袍"，睡的床叫"龙床"。传说中的"龙"为虎头、蛇身、鹰爪、鹿角，系由我国远古时代各部族的动物图腾复合而成。从此种意义上说，"龙"是中华民族长期相互影响、融合、团结的标志。

凤　"凤"也是想象中的一种神物。它头顶华美的头冠，身披五彩斑斓的羽毛，大概系由孔雀、雄雉等美丽的鸟类复合而成。所谓"龙凤呈祥"，是吉祥如意的象征。传说中的"凤"还分雄雌，雄的叫凤，雌的称凰，常用来形容男女之间的爱情。

麒麟　"麒麟"是想象中的另一种神物。它遍体鳞甲，形态似鹿，长着翅膀，在古代书画中可见其形象。有一幅"麒麟送子图"，即是人们祈望子孙繁荣、追求幸福的象征。

龟　龟是四灵中惟一存在的生物。在古代，它的身价很高。由于其寿命长，是健康长寿的象征。其壳常用作刻字，是古代灿烂文化的见证。古人奉为神物，使其跻身于四灵之列。

魏晋风度

魏晋风度，是对魏晋之际名士风度的称谓，亦称魏晋风流。它作为门阀士族意识形态的人格表现，已成为魏晋时期的审美理想。名士们崇尚自然、超然物外，率真任诞而风流自赏。据《世说新语》："王子猷居山阴，逢夜雪，忽忆剡县戴安道，即时登舟造访，经宿方至，造门不前而返。人问其故，答曰：'吾本乘兴而行，兴尽而返，何必见戴？……'"他们研究"容止"，提倡"雅量"，喜怒哀乐不形于色。《世说新语》载，顾雍集僚属下围棋，得儿死讯，他"以爪掐掌，血流沾褥"，而神色不变。谢安策划了淝水大捷，捷报传来，他下棋如故，并无喜色，待收棋入屋，因大喜至极，折断了木屐齿竟全然不觉。另外，他们言词高妙，精神超俗，"托怀玄胜，远咏庄老"，"以清谈为经济"，喜好饮酒，不务世事，以隐逸为高。

进行历史地考察，我们不难发现"魏晋风度"的思想意义和美学价值。作为对人生的爱恋，自我的发现与肯定，它与东汉末以《古诗十九首》为标志发展而来的价值观念一脉相通；而在追求行止姿容的漂亮俊逸上，又和"文学的自觉"的美学潮流相辅相成。在药、酒、姿容、玄谈的外在表象后面，蕴含着对自身价值思考和对人生无常的悲叹。漂亮的形式（姿容飘逸）和内在的精神（智慧和忧伤）结合，成为魏晋风度的美学典型。在哲学上，玄学的兴起，标志着儒家哲学的危机，魏晋玄学是东汉以来思想和社会历程的必然结果，确有一个过程。东汉后期政治的腐败，使儒生们从对汉家煌煌大业的盲目崇拜中清醒过来，正统的儒家思想受到怀疑。从党锢之祸开始，到黄巾起义，到军阀混战，到三国鼎立，再到曹魏司马氏争权，大开杀戒，在整整100多年的腥风血雨中，人们进行了否定外界社会的过程，探索人生变幻无常的命运，执着爱恋短促的生命，寻求人生的欢乐。

反映到文学上毕竟要迟一步。实际上，从东汉和帝时代开始，外戚和宦官相互屠戮，直至魏晋的大杀名士，社会上刃血横飞，而在观念意识领域内，则开始了一次思想解放运动。道教的兴起，佛教的传人和发展，曹操的"尚通脱"，"不忠不孝也不要紧"，嵇康、阮籍的"越名教而任自然"，虽然不可能从根本上动摇儒家思想地位，却使社会的思想观念的面貌有所改观。从此时开始到唐五代，人们的思想并不为儒家思想所囿，就是这一解放运动的功劳。而以魏晋风度为开端的儒道互补的士大夫精神，从根本上奠定了中国知识分子的人格基础，影响相当的深远。

当然，在人格实践上，魏晋风度所及，也确实带来弊病：许多人赶时髦，心情并非嵇、阮似的沉重，却也学他们的放达。正如鲁迅所指："东晋以后，作假的人就很多，在街旁睡倒，说是'散发'，以示阔气。就像清时的尊读书，就有人以墨涂唇，表示他是刚才写了很多字的样子。故我想，衣大、穿屐、散发等等，后来效之，不吃（药）也学起来，与理论的提倡实在是无关的。"

至于说到清谈误国，清谈，那是时代的产物，是在魏晋玄学盛行的特定条件下所产生的。我们只能从历史的角度来研究它、认识它，这样才能有正确的认识。

三十六行

人们常用"三十六行"一词来概括社会的分工。如果在某一行业某人做出了显著的成绩，又有"三十六行，行行出状元"之说。然而事实上，又岂止三十六行？这是一个虚指之数，是对各行各业的概称。

关于行业，我国唐代的主要行业就有许多，如：肉肆行、宫粉行、成衣行、玉石行、珠宝行、丝绸行、纸行、海味行、鲜鱼行、文房用具行、茶行、竹木行、酒米行、铁器行、顾绣行、针线行、汤店行、药肆行、扎作行、陶土行、仵作行、巫行、驿传行、棺木行、皮革行、故旧行、酱料行、柴行、网罟行、花纱行、杂耍行、彩舆行、鼓乐行、花果行等。

徐珂在其《清稗类钞·农商类》中说："三十六行者，种种职业也。就其分工而约计之，曰三十六行，倍之则为七十二行，十之，则为三百六十行。"

因此，今天人们常说的三十六行、七十二行、三百六十行，并非行业上的具体数字。而是旧时对各行各业的约称，到今天也一直沿用下来。

各行业祖师

农业——神农氏

蚕业——马头娘、嫘祖

织业——黄道婆、织女

渔业——伏羲、姜子牙

商业——财神爷（财神赵公明，武财神关羽，五路财神何五路）

纸业——蔡伦

笔业——蒙恬

陶业——范蠡

铸业——老子

盐业——宿沙、葛洪、天井娘娘

酒业——杜康

屠业——张飞、樊哙

厨业——詹王、易牙

药业——孙思邈

医业——华佗

染业——梅葛二仙

车行——马王爷

牛行——牛王爷、龚遂

中药——李时珍

裁缝——轩辕氏

评话——柳敬亭

火腿——宋泽

星相——柳庄

风水——刘伯温

木匠——鲁班

四大美人

在中国古代小说中，常用"沉鱼落雁之容，闭月羞花之貌"来形容女子之美。原来"沉鱼"、"落雁"、"闭月"、"羞花"分别是中国古代四位美人——西施、王昭君、貂蝉和杨贵妃的代称。每个代称里又包含着一个有趣的故事：

沉鱼——西施是春秋末期越国的一位有名女子。相传有一次她在河边浣纱，清澈透明的河水映照着她美丽动人的身影，水中的游鱼竟忘了游水，慢慢地沉入到水底。西施便得了个"沉鱼"的雅号。

落雁——汉代王昭君是个才貌双全的美人。汉元帝为了安抚北匈奴，选她与单于结成姻缘。在离家的途中，她看到远飞的大雁，勾引起无尽的乡思，触景生情弹起琴弦。一群飞雁听到琴声竟忘了抖动翅膀而跌落地上。王昭君便得了个"落雁"的美称。

闭月——貂蝉是汉献帝的大臣王允的歌妓。她不但貌似明月，且能歌善舞。一天晚上她在花园拜月时，一片云彩将月亮遮住了。王允得意地说："月亮比不过我的女儿，都害羞地躲到云的后面去了。"从这以后，貂蝉又被人称作"闭月"。

羞花——唐代美女杨玉环被唐明皇选进宫后，整天闷得慌。一天，她在花园赏花解闷，无意中碰了一下含羞草，含羞草马上卷起了叶子。唐明皇赞叹她有"羞花"之容，称她为"绝代佳人"。

三教九流

所谓三教，即是指对中国文化产生了深远影响的儒、释（佛）、道三教。九流分为上、中、下三等。上九流是：一流"佛"、二流"天"、三流"皇帝"、四流"官"、五流"阁老"、六流"宰相"、七流"进士"、八流"举人"、九流"解元"。中九流是：一流"秀才"、二流"医生"、三流"画家"、四流"皮影"、五流"弹唱"、六流"卜卦算命"、七流"和尚"、八流"道士"、九流"琴棋"。下九流是：一流"唱戏"、二流"吹鼓手"、三流"马戏团"、四流"剃头"、五流"池子"、六流"搓背"、七流"修脚"、八流"配种"、九流"娼妓"。

"万岁"流变

"万岁"这个词，在历史上，一是用作人们欢呼用，二是用作封建帝王特定的称谓。

秦汉以前，欢呼"万岁"是很普遍的事情。《战国策》中《冯谖客孟尝君》一文记载：冯谖在薛地，替孟尝君烧掉了百姓们的债券，大得人心，"因烧其券，民称万岁"，这个"万岁"就是人们由于内心喜悦以示庆贺的欢呼语。

秦汉以后，臣子朝见国君，拜恩庆贺，也常常呼喊"万岁"，这逐渐成为了一种礼节，是为了表示对皇帝的尊敬。后来，慢慢成了帝王的代称了。当然，它并不是帝王唯一的或专擅的称呼。帝王叫"天子"也可以，因为这个称号也十分尊贵。"天之骄子"，表明他拥有的权力是上天所赋予的，是至高无上的。那时，如果有人对其他人呼喊"万岁"，皇帝也不干涉，因为"万岁"更多地被用作欢呼语。

汉武帝曾想把"万岁"攫为已有。但是人们一到高兴时还是欢呼"万岁"。他禁不了，也无可奈何。以后，对"万岁"的使用，越来越严。从宋朝开始，"万岁"成了皇帝的专用名词，皇帝成了"万岁爷"。如果有大臣被称"万岁"，就是犯禁，要受到重罚。宋代著名的忠臣寇准，有一次与温仲舒同行，路上遇到"狂人"，迎着他的马高呼"万岁"。这事被寇准的政敌向皇帝告发了，寇准因此罢去同知枢密院的高级职务，降为青州知州。后来，如果谁再随意欢呼"万岁"，就会遭到杀身之祸，到了明代，规定更加严格，除了"万岁爷"，还有"千岁爷"、"九千岁"等称谓。

清王朝被推翻以后，"万岁"一词才还其本来面目，回到人民中间。作为一种庆贺的欢呼语，"万岁"还是挺适合的。

古代的六艺

六艺之说有二：（一）六艺者，礼、乐、射、御、书、数也。《周礼·保氏》："养国子以道，乃教之六艺：一曰五礼，二曰六乐，三曰五射，四曰五御，五曰六书，六曰九数。"（二）六艺即六经，谓《易》、《书》、《诗》、《礼》、《乐》、《春秋》也。

周代教育贵族子弟的 6 种科目。"艺"为"艺能"之意。即礼、乐、射、御、书、数。礼包含政治、道德、爱国主义、行为习惯等内容；乐包含音乐、舞蹈、诗歌等内容；射是射箭技术的训练；御是驾驭战车的技术的培养；书是识字教育、书法；数包含数学等自然科学技术及宗教技术的传授。其萌芽在夏代已见端倪，经商代，至周而逐步完善。

"六艺"教育的特点是文、武并重，知能兼求和注意到年龄的差异及学科的程度而教育有所别。"六艺"中礼、乐、射、御，称为"大艺"，是贵族从政必具之术，在大学阶段要深入学习；书与数称为"小艺"，是民生日用之所需，在小学阶段是必修课。当时，庶民子弟只给予"小艺"的教育，唯贵族子弟始能受到"六艺"的完整教育，完成自"小艺"至"大艺"的系统过程。"六艺"服务于阶级需要，但也反映了教育的普遍规律，对后世具有深远的影响。